KB206735

하늘의 소리 소리 II

왜 청와대 이어야 하는가?

하늘의 소리 소리 II

왜 청와대 이어야 하는가?

김성갑 지음

관음출판사

머리말

광활한 대륙의 역사를 간직한 우리네의 상고사(上古史)
를 당당히 말하기에는 아직도 꺼리는바가 없지 않다.
일제의 식민사관의 영향도 있겠지만 민족의 우수성을 우리 스스
로를 비하(卑下)하는 잘못된 선입견이 더 큰 문제를 안겨 주고
있다.

　저 넓은 중국평원을 제집 앞뜰에 노닐 듯 할거하던 조상들의
웅지(雄志)를 증거가 없다는 이유로 일방적으로 몰아붙이는 한
심한 학자들의 작태 역시 어제 오늘의 일이 아니다.

　전래(傳來)오는 고서(古書)인 '한단고기'나 '부도지'에 의하
면 한(韓)민족의 역시는 인류의 시작과 함께 했으며 우리의 문

명은 인류의 문명을 주도했다고 전(傳)하고 있다. 비록 지금은 조그만 변방의 반도국에 위치해 있지만 그 역사는 깊고도 깊어 중국의 진황제가 불로불사(不老不死)의 영약을 찾아 헤매던 신선(神仙)의 나라가 설화(說話)속의 얘기가 아닌 바로 이 땅, 이곳 한반도이다.

　민족 시작의 곁에는 항상 고신도(古神道)가 있어 홍익인간 제세이화의 이념을 대승(大乘)의 기틀로 잡아 민족을 이끌어 나갔다. 고신도란 신선도(神仙道)의 옛 이름이다. 선도(仙道)의 도맥(道脈)은 넓고도 깊어 온갖 역사의 부침 속에서도 사라지지 않고 불가(佛家)와 중국의 도가(道家)의 모습으로 면면히 이어져 내려왔다. 그러던 중 임진왜란시 사명당의 활약으로 잠깐 부활의 몸짓을 펼치다말고 인고(忍苦)의 세월을 뛰어넘어 오늘 우리 앞으로 성큼 다가섰다.

　기독교는 원죄(原罪)사상을 그 바탕으로 한다. 우리 인간은 맨 처음에는 하느님을 닮은 신(神)이였으나 에덴동산에서의 선악과(善惡果)를 마주하는 순간 육신은 지울 수 없는 업장(카르마)을 짊어지게 된다.

　에덴낙원에서 퇴출당하여 상대(相對)의 세계로 추락한 후에는 내가 이익을 추구하면 누군가가 손해를 입어야하는 상대적인 시스템에 발목이 잡혀 오늘도 누군가에게 피해를 입히며 육신을 보존하고 있다.

그러나 다행히 예수님의 십자가의 보혈로 천국의 문으로 다시 들어갈 수 있으니 기독교의 가르침은 인류 구원의 메시지이다.

성경(聖經)은 원죄(原罪)를 대신한 예수 그리스도의 말씀을 믿고 의지함으로써 인간이 하느님의 왕국으로 오를 수 있는 유일한 길임을 전하고 있다.

원죄(原罪)란 불가(佛家)에서의 업(業)이며 카르마이다.

수행(修行)의 끝자락이 천국이며 또한 깨달음이라면 이것을 얻기 위해서는 예수님의 말씀을 따르든지, 부처님의 제자가 되든지 본성(本性)을 가로막고 있는 원죄의 껍질을 스스로 벗겨내 업장을 소멸해야 할 것이다.

카르마(업장)란 전생의 기록이다. 아니 전전생의 모든 기록의 총편이다. 지금 이 시간에도 계속해서 오늘의 사건들이 파장으로 기록되어져 윤회의 수레바퀴는 돌아가고 있다. 삶이란 죽음의 연속이며, 죽음이란 삶의 연장일 따름이다. 죽음이란 육신의 옷을 바꿔 입는 행위로써 영혼은 죽지 않고 영원히 남아 또 새로운 운명으로 돌아오는 게 윤회의 법칙이다.

명안종사(明眼宗師)란 눈이 밝은 스승을 말한다. 그는 과거, 현재, 미래를 한 눈에 볼 수 있는 능력은 물론 후학들에게도 능히 그 길을 인도할 수 있는 법력이 있다.

현실에서는 과거, 현재, 미래가 차례로 다가오지만 깨달음의 세계에서는 이것이 동시에 한꺼번에 나타난다. 이 깨달음의 바다는 너무나 맑아 모든 것이 투영되는 곳으로 전생의 사연을 포함하여 상대계의 모든 일들이 도장이 찍힌 듯 보인다 하여 해인(海印)삼매의 향수해(香水海)라 이름 한다.

영적(靈的)인 능력이란 특별한 이들에게만 생기는 것이 아니다. 집중을 통한 기도나 지향으로 심신이 맑아지면 누구나 얻을 수 있는 것으로 특히 영혼이 맑은 어린이들은 쉽게 이를 체험할 수가 있다. 마음이 곧 부처라는 즉심시불(卽心是佛)은 어린이와 같은 맑은 영혼의 마음을 말하는 것일 게다.

수행을 통하여 삼매에 들면 영계나 선계에 가기도 하고 초자연적인 현상을 만나기도 한다. 이승과 저승은 파장이 각기 달라 육신의 눈에는 보이지 않지만 영안(靈眼)이 열리면 저승의 기록은 빙의령으로 존재를 알리고 있다. 그럼 빙의령은 도대체 어디서 오는 것일까? 밖에서 오는 것일까? 아니면 안에서 나타나는 것일까?

　빙의령은 내가 지니고 있는 업장의 끄나풀이다. 업장(카르마)이란 영적(靈的)에너지를 봉인한 블랙박스이며 빙의령의 현주소이다.

　지금까지 우리의 삶이 어디 한 두 번뿐이겠는가! 여러 수천 수만 번의 윤회 속에 점철된 사건들은 에너지의 실타래로 뭉쳐져 풀리는 그 날까지 다른 생(生)으로 옷을 바꿔 입고 이월 또 이월되고 있다.

　전생의 에너지로 구성된 카르마는 그 층이 여러 개의 층으로 나누어져있고 이에 관련된 인연들 역시 층층이 끝도 없이 줄지어 대기하고 있다. 빙의령이란 이러한 인연들에 의해서 만들어진 영적 에너지들의 총칭이다.

　카르마의 해소(업장소멸)만이 위대한 실체, 본성(本性)으로 갈 수 있는 길이며 영가(靈駕)천도 능력은 카르마를 벗기는 최고의 힘이다.

　고신도(神仙道)수행은 전생의 업장(業障)을 소멸하고 육신의 생성비밀을 발견할 수 있는 지혜와 힘을 몸공부와 기(氣)공부 그리고 마음공부를 통하여 증득(證得)할 수 있는 인류최고의 수련법이다.

그러나 현재 시중에 유포된 단전호흡은 잘못 전해지고 있다.

단순히 건강이나 치료용으로만 알고 있음을 통탄하지 않을 수 없다. 그러한 수행법이 틀렸다는 것이 아니라 낮은 차원의 기법으로서 목표가 육신에 국한되어 있다는 것이다.

진정한 고신도(古神道)수행은 육신의 건강은 물론 육신통을 넘어서 도(道)를 깨칠 수 있음을 아는 이가 드물다.

집안에 생긴 우환이나 사업상의 난관(難關), 그리고 지긋지긋한 병고(病苦)에 시달린다 하여 절이나 교회에서 기도로 축원하여 기복(祈福)으로만 다스리지 말아야 한다.

육신의 고통은 영혼의 존재를 알리려는 신호임을 진정으로 받아들여 과학적인 사고에서 한걸음 물러나 전생의 인연으로 맺힌 카르마를 풀어주는 수행의 기회로 승화시켜야 한다.

그리고 이러한 사유(思惟)는 영(靈)을 두려워하는 무당의 짓거리가 아닌 우리 스스로 부처가 될 수 있고 하늘나라로 되돌아갈 수 있는 본성의 자리임을 인식해야 한다.

"나라에서 본래부터 전해오는 도(道)가 있으니 현묘지도가 바로 그것이니라"

여기 누구나 신선(神仙)이 될 수 있는 길이 우리 앞에 있으니 뜨거운 화택(火宅)에서 한 걸음만 나오시구려 ???.

이 책이 나오기까지 일심으로 도와주신 여태양 변호사님, (주)보림 이현석님 그리고 교정을 도와주신 여러 사범님들의 노고에 감사의 말씀을 드립니다. 끝으로 졸저[즉각 깨닫는 길]을 사랑해주신 애독자 여러분께 심심한 사의를 표합니다.

2007년 초여름
삼각산 우이동 우거에서

차 례

1장. 우주 (宇宙)

1장. 우주(宇宙)

성경의 첫 머리에 다음과 같은 창세기의 우주론이 등장
한다.

"한 처음에 하느님께서 하늘과 땅을 지어내셨다. 땅은 아직 모
양을 갖추지 않고 아무것도 생기지도 않았는데 어둠이 깊은 물
위에 뒤 덮여 있었고 그 물위에 하느님의 기운이 휘몰고 있었다.
하느님께서 "빛이 생겨라" 하시자 빛이 생겨났다. 그 빛이 하느
님 보시기에 좋았다. 하느님께서 빛과 어둠을 나누시고 빛을 낮
이라, 어둠을 밤이라 부르셨다. 이렇게 첫날의 밤과 낮 하루가
지났다."

우주의 빅뱅이 시작되는 날 하느님의 기운이 휘몰아 빛과 어

둠을 만들고 우주의 공간을 넓혀간다. 그곳에는 공간의 무한대 뿐만 아니라 시간의 무한대도 펼쳐지고 있었다.

빛은 1초 동안에 30만km, 지구를 7바퀴 반을 돌고 그 빛이 1년 동안 가는 거리를 1광년으로 표기한다. 현 우주과학은 100억 광년 거리의 초신성(超新星)을 발견하면서 우주의 생성연대와 팽창속도를 계산하고 있다.

우리가 살고 있는 태양계는 이미 과학으로 증명되어 있다. 즉 수성으로 시작한 9개의 위성이 태양을 중심으로 하여 자전과 공전으로 태양계를 형성하고 있는 것이다.

'1977년 NASA에서 발사한 우주탐사선 보이즈 1,2호가 태양계의 마지막 행성인 명왕성을 지나 25년째 끝없는 우주비행을 하고 있다. 보이즈 1,2호가 태양계의 끝자락까지 도달하려면 아직도 4만년은 더 가야한다.' (02. 8. 중앙일보)

우주의 공간에서 4만년이란 시간은 어린이 나이에도 못 미친다. 우주에는 은하계라는 어마어마한 공간이 존재한다. 태양계가 속해 있는 우리 은하계는 타원 은하계, 막대나선 은하계, 불규칙 은하계 등등의 은하계 중의 하나에 불과하다.

더구나 태양계 같은 붙박이별이 무려 2000여 억 개가 존재할 것이라는 예측은 인간의 두뇌로써 우주 공간의 실체를 상상한다는 것은 불가능하다는 것을 의미한다.

1) 우주(宇宙)와 나

나는 누구인가! 라는 철학적인 사고는 엄마 뱃속에서 태어난 '나' 라는 존재의 현 주소를 찾겠다는 기초 개념에서부터 시작하여 지구의 한 단위 국가의 국민, 나아가 태양계속의 지구인 그리고 더욱 더 나아가 우리 은하계의 태양계 속의 나를 찾아야한다.

결국 나(我)란 존재는 공간적인 측면에서는 우주적인 소산(所産)이다. 이 우주가 없었다면 나란 존재는 있을 수가 없으며, 나를 낳은 이 우주(宇宙)를 모르고서는 나를 안다고 할 수도 없다.
그러므로 이 우주의 주체인 실체와 나와의 관계를 정립하겠다는 대 서원을 세우지 않고서는 깨달음을 논(論)할 수 없다.
지구가 생긴 이후, 수 없는 선각자들이 각 시대마다 나타나 인류를 계몽하고 깨달음을 전파하였다. 그 중 석가 부처님과 예수님만이 유일하게 최고의 성인(聖人)으로 인정받고 있음을 누구도 부정하지 못할 것이다.
이에 대하여 어떤 학자들은 그 분들은 시대를 잘 만났기 때문이며 더구나 세력을 가진 제자들의 도움으로 길이 빛나셨다고 폄하(貶下)하는 주장도 하지만 이는 어불성설이다.

일부 한편으론 어느 경계정도의 깨달음을 얻은 스승도 있었겠지만, 우주의 진리를 참으로 깨달으신 이는 이 분들을 제외하고는 거론 할 수가 없다.

가끔씩 선계(仙界)의 소식이라고 떠들어대는 기상천외한 박수무당의 헛소리가 신문의 광고란을 장식한다. 미국의 9.11 테러를 영통(靈通)으로 미리 보았고, 화성에는 지구보다 영격(靈格)이 높은 생명체가 살고 있다는 등의 쓸데없는 귀신놀음은 그것 자체가 틀렸다기보다 이는 저급령들의 소식들이다. 마치 어린이들의 땅 따먹기 놀이가 자기들에게는 엄청난 사건처럼 여겨지지만 사실 어른의 입장에서는 유치한 애들 놀음에 불과 한 것과 같다.

시간 역시도 우주가 생긴 이후에야 비로소 시작된 것으로 공간과 함께 시간도 무한한 존재이다. 시간이란 현재를 중심으로 계산되는 단위이지만 현재라는 것은 흘러가는 흐름의 선상에서는 존재한다고 할 수가 없다. 막 지금이라고 생각이 났을 때가 벌써 과거의 한 부분으로 진행되는 탓에 현재란 허물어져가고 있는 허상(虛想)이 본 모습이다.

영생(永生)과 불멸(不滅)의 입장에서 보면 영혼의 존재 역시도 시공을 초월한 그 무엇인 것이다. 그러나 그것은 완성을 향해가는 불완전한 걸음마이며 본성(本性)의 씨종자이다.

'인간은 누구나 부처가 될 수 있는 불성(佛性)을 가지고 있다'며 불전(佛典)은 전하고 있다.

이 불성의 자리가 곧 본성이다. 본성(本性)이란 '있는 것도 아니며 있지 않는 것도 아닌' 공(空)의 세계다. 그 무엇에도 걸림이 없는 해탈이며, 그 무엇이든 창조가 가능한 통찰력임을 누누이 밝히고 있다.

"운하위인연설(云荷爲人演說)고 불취어상(不取於相)하여 여여부동(如如不動)이니 하이고(何以故)오. 일체유위법(一切有爲法)이 여몽환포영(如夢幻泡影)이며 여로역여전(如露亦如電)이니 응작여시관(應作如是觀)하라."

"어떻게 하는 것이 남을 위해 말하는 것인가, 생각과 현상에 이끌리지 말고 여여(如如)하여 움직이지 않는 것이니라. 그 까닭은 이러하니라.
일체 현상계의 모든 생멸(生滅)법은 꿈이며 환이며 물거품이며 그림자 같고 이슬 같고 번개 같으니 마땅히 이와 같이 볼지니라."

― 금강경 ―

2) 그대 이름은 진리로다!

우리가 음식의 맛을 알려면 굶어봐야 그 참 맛을 쉽게 알 수 있다. 사람도 살아가는 이유와 그 맛을 알려면 하다못해 죽을 고비라도 넘겨봐야만 삶의 고귀한 뜻을 조금은 알 수 있을 것이다. 그리하여 오늘이 생의 처음이요, 인생의 마지막이 될 때 삶의 맛을 더욱 진솔하게 알게 될 것이다.

삶의 진정한 목표는 육신의 탄생에서 죽음으로 진행되는 자연현상만이 아니라, 진리의 참뜻을 찾아가는 구도승의 발자취에서도 발견할 수가 있다.

짐승은 먹는 것과 새끼 치는 것 밖에는 다른 일이 없다.
나이 들고 경험 많은 우두머리 코끼리가 앞장서서 무리를 이끌어 가고 있다. 물이 풍부하고 우거진 초원을 잘 알고 있는 탓에 모두들 풍족하게 먹고 마시며 하루를 보낸다. 사람들처럼 아껴서 모아두기도 하고 또 교미도 하여 종족을 늘리면서 코끼리는 인간의 수명 못지않게 50-60년을 살다가 간다.
다시말해 코끼리는 식색(食色) 밖에는 아는 것이 없다.

이 세상 일반인의 최대 흥미와 관심사 역시 색(色)과 식(食)이다. 그러나 하늘의 이치인 진리에 대해서는 전혀 관심이 없다. 진리(眞理)에 대해서 눈곱만큼이라도 생각하지 않는다면 과연 짐승과 다를 바가 무엇이겠는가!

그렇지만 대다수의 사람들은 진리에 대해서는 알려고 하지도 않고 관심도 없으며, 오직 식색(食色)의 맛만을 즐기려고 애쓰고 있다.

일체 문화 활동의 추구하는 초점은 이 두 가지 욕구를 충족시키는 데 목적이 있는 듯하다. 특히 예술의 이름으로 펼쳐지는 무용과 반라(半裸)의 여체는 육체가 가지는 선(線)의 아름다움과 율동미에 흠뻑 빠지게 한다.

대체 프랑스 요리 맛을 보았으면 어떻고, 중국 요리 맛을 안다면 어떻단 말인가. 또 황실의 요리사가 조리한 음식을 먹었으면 어떻단 말인가!

미인과 그 짓을 한 맛이 어떻단 말이며, 남의 아내와 그 짓을 한 맛이 어떻단 말이며, 외국의 금발 미녀와 그 짓을 한 맛이 어떻단 말인가! 정말 이것이 삶의 목적이라면 고개를 들고 하늘을 볼 수가 없다.

부처님이 우루벨리 네란자강 보리수아래서 바른 깨달음을 얻은 뒤의 일이다.

어느 날 부처님은 이렇게 생각했다.
"나는 이제 위없는 깨달음을 얻었다.
이 법(法)은 매우 깊고 미묘하여 함부로 알기 어렵다.
오직 번뇌가 없고 깨끗한 사람만이 알 수 있으며 범부(凡夫)는 알 수 없다.
내가 설법(說法)한다 해도 중생들은 알지 못할 것이며 오히려 번거러움만 더 할지도 모른다"

이때 범천(梵天)이 부처님의 생각을 알아채고 이렇게 전했다.

"부처님이시여, 이 세상에는 어리석음이 덜한 중생도 있나이다. 그러나 오늘 설법을 듣지 못한다면 타락 할 것입니다.
반대로 설법을 듣는다면 반드시 깨달음을 얻을 것입니다.
하오니 원컨대 저들이 뒷세상에서 고통 받지 않도록 법을 설해 주소서"

부처님은 범천의 권청을 듣고 중생에 대한 연민의 마음이 생겨 불안(佛眼)으로 세상을 바라보았다.

더러움이 많은 사람도 있고, 적은 사람도 있고, 영리한 사람도 있고, 어리석은 사람도 있었다. 비유하면 연못에 붉은 연꽃도 있고 흰 연꽃이 있는데, 어떤 것은 물 속에 머물러 있으며, 어떤 것은 물위로 솟아나 꽃이 피고 더럽혀지지 않은 것도 있는 것 같았다.

이에 부처님은 설법을 결심하고 이렇게 말했다.

"이제 감로(甘露)의 문이 열렸다. 귀 있는 자(者)는 듣고 낡은 믿음을 버려라.

나는 미혹한 사람들이 이 미묘하고 훌륭한 법을 듣고 오히려 피곤해하지 않을까 하여 설법하지 않으려 했을 뿐이다."

[중일 아함경]권청품과 [남전율장]대품에 나오는 이 이야기는 부처님이 깨달음을 얻으시고 녹야원으로 설법을 하러 떠난 이유가 어디에 있는지를 설명해 주고 있다. 그것은 두말 할 필요도 없이 한 중생이라도 더 제도하기 위한 대자대비의 발로였다.

우리는 짐승이 아님을 스스로 알아야하며 또한 우리는 진리에 귀의하고 진리를 등불 삼아 고해(苦海)의 바다에서 피안의 저 언덕까지 쉼 없이 정진해야 한다.

2장. 카르마와 빙의영(靈)

2장. 카르마와 빙의영(靈)

깨달음이란 육신의 6근(안,이,비,설,신,의)과 6진(색,성,향,비,촉,법)과 6식(안식,이식,비식,설식,신식,의식)을 쉬게 하면 그 자리가 본래면목, 부모미생전, 본성(本性)의 자리라고 단정한다.

그런 까닭에 마음을 비우고 계를 지키며 선정에 들어 깨달음의 지혜가 나타나기만을 간절히 염원하게 된다.

그러나 대부분의 수행자들은 깨달음은커녕 아집(我執)만 생겨 수행을 그르치고 있다.

과연 아상(我相), 인상(人相), 중생상(衆生相), 수자상(壽者相)을 여의면 목적지에 도달할 수 있을까? 정말 불전(佛典)의 말씀대로 탐,진,치 삼독을 정복하고 계,정,혜 삼학으로 무장하여 '무소의 뿔' 처럼 용맹정진한다면 정각(正覺)의 깨달음이 오는 것일까....

평생을 참선에 매달려 정진에 매진한 선승(禪僧)도, 삼천배의 불공(佛供)과 최상의 기도와 염불로 온 몸을 불사른 구도자도, 삼보일배의 고행을 삶의 영광으로 장식한 고행승(苦行僧)도 감히 여기가 깨달음의 그 곳이라며 자신 있게 말하지 못한다.

그 이유는 카르마(업장)의 실재(實在)를 잊고서 정진에만 몰두한 탓이다.

'우리는 누구나 부처가 될 수 있는 불성(본성)을 가지고 있다'는 본성(本性)의 의미는 카르마의 존재를 새롭게 부각 시킨다.

본성을 만나는 기쁨을 견성(견성)이라 하는데 이곳은 깨달음의 문이다. 마음을 비우고 6근을 쉬게 하면 만날 수 있다는 본성인데, 탐진치 삼독을 정복하고 계정혜 삼학으로 무장해도 견성(見性)하지 못하는 까닭은 무엇일까?

이 모든 것이 전생의 업장 때문이다.

이들은 가죽처럼 질기고 무쇠처럼 단단하게 굳어져 본성의 주위를 둘러싸고 있다.

이들의 카르마(업장)를 소멸하지 않는 한은 결코 견성을 이룰 수가 없다.

1) 카르마란 무엇인가?

육신(肉身)이 만들어지는 기본은 지수화풍(地水火風)의 4대로 그들 또한 전생의 인연으로 만나게 된다. 그러다가 인연이 다하면 다시 땅의 기운은 흙으로, 물의 기운, 불의 기운, 바람의 기운으로 흩어지는 게 인생의 여정이다. 이렇게 만나고 헤어지는 것이 현상계의 일이며 그것이 곧 윤회이다.

이러한 윤회의 수레바퀴를 돌리는 동력이 바로 업장(業障)으로 불리는 카르마이다. 카르마는 전생들의 기록이며 또 해결되지 않은 전생들의 빚이기도 하다.

불경에 전해오기를 인간으로 이 세상에 태어나기 위해서는 염라대왕 앞에서 언제나 먼저 굳은 약속과 맹세를 되풀이한다고 했다.

"이번 생에는 틀림없이 그리고 기필코 전생의 업장(業障)을 씻고 자유인의 발걸음으로 거듭 나리라"라고 맹세하고 다짐하지만 엄마의 자궁 밖으로 나오는 순간 또다시 까맣게 잊어버리게 된다.

이승의 문턱을 넘는 순간 기억은 백지가 되어 언제 그랬냐는 듯이 육신의 지시에 따라 욕심과 투쟁 그리고 종족보존의 사명에만 빠지게 된다. 그래서 인간으로 태어나기 힘들고, 불경을 만나기가 힘들며, 더군다나 도(道)를 이루기는 더 어렵다고 누누이 말하고 있다.

카르마를 해소하기 위해서는 선업(善業)을 낳는 복을 짓기보다는 수행을 통하여 공덕을 쌓아야한다. 선업(善業)도 악업(惡業)과 같이 기록으로 남겨져 다음 생에 복으로 다시 받을 수는 있으나 가죽처럼 질기고 돌처럼 단단한 카르마를 해소하기에는 역부족이다.

달마조사와 양무제의 대화 속에서 공덕(功德)의 의미를 찾을 수 있다.
살아있는 부처라 칭송받는 불심천자(天子) 양무제가

"짐(朕)은 수많은 절을 세우고, 많은 경전(經典)을 사경하며 스님들을 양성하고 격려해 왔는데,
대사! 내게 공덕이 얼마나 있는가?"하고 물었을 때
달마조사는 "없다(無)!"라며 아무런 공덕이 없음을 말한다.

양무제가 이룬 불사(佛事)의 크고 작은 행위들은 공덕이 아님을 준엄하게 지적한 것이다.
공덕(功德)이란 오직 수행 그 자체일 따름이다.

"만일 잠깐 동안이라도 좌선하면 황하의 모래알만큼의 보탑(寶塔)을 쌓은 것보다 나으리라. 보탑(寶塔)은 마침내 허물어져 티끌로 돌아가지만 '한 생각 맑은 마음'은 필경 부처를 이루리라"

여기서 '한 생각 맑은 마음' 즉 청정(淸淨)의 힘이야말로 카르마를 지울 수 있는 유일한 방법이다. 수행이란 집중을 통한 정신통일이다. 수행을 통하여 맑음을 이루고 무명(無明)을 깨치는 작업이다. 이는 어둠속에 잠긴 본인의 영혼을 촉광이 밝고 높은 곳으로 인도하는 것으로써 스스로 밝음을 드러내는 법신(法身)으로 거듭나게 하는 과정인 것이다.

법신이란 영혼의 등급으로 대학입학시의 수능점수라고나 할까....

수행자가 '한 생각 맑은 마음'으로 청정해지면 그 순간 업장소멸이 시작된다. 그러나 단순하게 맑다고 해서 무작정 모든 업장이 소멸되는 것은 아니다. 이것은 오직 한 단계의 업장의 꺼풀에 불과하다. 첩첩이 쌓인 카르마의 껍질을 한 꺼풀, 또 한 꺼풀 벗겨냄으로써 영혼의 격이 차츰 올라가게 되는 것이다.

카르마의 존재가 윤회나 혹은 빙의령으로 설명되어 내려오고 있지만 확인할 수 있는 방법은 없다. "오직 실행과 체험만이 진리를 검증하는 유일한 방법이다"란 어느 유명 정치인의 말이 떠오른다. 이처럼 고신도(古神道)는 수련을 통해서 그 실체를 본인이 직접 느끼며 체험할 수가 있다.

단전호흡과 태극권의 느린동작으로 집중을 유도하면 어느 날 손바닥 장심에서 에너지의 느낌이 나타난다. 처음에는 전기(電氣)와 같이 짜릿짜릿하거나 혹은 자력감으로 온다. 수행이 진행될수록 뜨거운 열감(熱感)으로 바뀌며 집중이 완성되면 기(氣)의 느낌이 확연해진다.

집중이 깊어질수록 기감은 확대되어 수행의 재미에 흠뻑 빠지게 된다. 그러나 언뜻 가슴이 답답해짐을 느낄 수 있다. 이것은 맑음에서 나타나는 발견으로 전생 업장의 출현이다. 답답함은 업장의 한 모습이다. 오래전부터 가슴의 경혈을 막고 있었지만 이때 비로소 감지하게 된다.

'심생종기(心生從氣) 마음이 가는 곳에 기(氣)가 따른다' 는 법칙이 적용되면서 의식이 답답한 가슴을 저절로 관(觀)하게 된다. 그리고 더욱 더 나아가 무심(無心)의 선정에 들어 답답함을 관(觀)하면 어느 듯 가슴이 시원해진다. 업(業)이 녹은 것이다!

그때 영안(靈眼)이 열린 수행자는 업장의 한 부분인 빙의령의 모습을 화면으로 볼 수 있다.

카르마란 전생의 기록인 에너지의 집합체이며 불멸(不滅)하는 영혼의 군(群)이다. 인간은 육신과 영혼으로 만들어져 있으며 이들을 이어주는 가교인 기(氣)의 체계가 존재한다. 그리하여 육신의 맑음도 기(氣)의 체험으로 나타나게 되며 마음의 맑음도 기(氣)의 흐름에서 여실히 증거가 된다.

고신도(古神道)의 수련이 기(氣)공부와 몸공부를 우선으로 하는 까닭에 불경의 마음법과 거리가 있는 듯 하나 전혀 다르지 않다. 궁극적으로 고신도의 완성은 맑은 기운과 건강한 육신을 바탕으로 마음법을 완성하는데 있다. 불경에서는 육신은 언제나 버려야 할 미련곰탱이의 존재로 고행(苦行)의 표적으로 이름하지만 고신도의 수련은 육신이 건강하지 못하면 성통공완을 할 수 없음을 분명히 명시하고 있다.

그 이유는 집중을 잘 하기위해서는 건강해야만 하기 때문이다. 몸이 불편하면 집중은커녕 아무것도 할 수가 없다. 하찮은 상처라도 물에 닿으면 통증이 나타나듯 건강한 육체만이 집중의 강도를 높일 수 있다.

그러나 기공(氣功)은 자칫하면 다른 길로 빠지기가 쉽다. 깨달음보다는 초능력에 탐닉하여 기공치료나 퇴마 등으로 돈벌이에 급급하여 세월을 보내지만 그 끝은 항시 무상하다.

신통(神通)이 주(主)가 되는 초능력자나 영통(靈通)을 자랑하는 무당이 되는 것을 경계한 조사(祖師)의 말씀을 귀 담아 들을 필요가 있다.

2) 카르마는 앞생(前生)의 잔재이다.

전생이란 지금 내가 살고 있는 현재의 생활 이전의 어떤 삶을 말한다. 불교에서는 '12인연설'을 즈음하여 불멸(不滅)하는 영혼의 세계인 윤회가 존재함을 가르친다.

일상에 묻혀 하루하루 바삐 보내다 보면 자신의 삶을 되돌아 볼 수 있는 시간은 없다. 그러나 어느 날 우연히 찾아온 가까운 친지의 부음 소식에 비로소 한번쯤 죽음을 떠올리며 윤회설을 상기하게 된다.

전생이란 육체적인 죽음과는 상관없이 시간과 공간을 초월한 영적인 생명의 존재를 말하고 있다. 현재 육신의 이 몸이 과거생의 어느 시대에 살았던 삶을 말하는 것이다. 고고학적인 인류의 발생연도와 견주어보면 한 두 번의 윤회가 아닐 터이니 그 종류와 횟수는 무수히 많았을 것이다.

또 윤회란 영혼의 불멸성을 전제로 하여 수많은 생(生)이 반복되어 왔기에 누구에게나 반드시 전생이 있으며 또 전,전생이 존재한다. 카르마란 이러한 전생의 사건으로서 한 인간의 삶의 질곡에서 일어나는 선(善)과 악(惡)의 각인이지만 일반적으로 악덕의 기록표로 이해하고 있다. 그리고 그것은 현재의 삶 속에서 부정적인 측면으로 나타나 자주 문제를 일으킨다.

가끔씩 저자(著者)에게 전생을 물어오는 이들이 있으면 불경(佛經)의 구절을 곧잘 인용하여 이렇게 대답한다.
'지금 현재의 내 모습에 내 마음의 씀씀이를 대입하면 전생의 모습이 됩니다. 그리고 주는 것과 받는 것만 반대로 돌리면 어렴풋이 짐작 할 수가 있습니다' 라고.
이것은 법구경(法句經)의 "너의 과거를 알고 싶거든 지금 네가 받고 있는 것을 보고, 너의 미래를 알고 싶거든 네가 지금 하고 있는 것을 보라"는 구절의 인용이다.

혹자는 육신의 탄생이 본인과는 무관하며 다만 부모의 정혈(精血)로 인하여 정말 우연히 태어난 줄로 알지만 전혀 그렇지 않다. 이 세상에 인간으로 다시 올 수 있는 기회는 자기 자신의 복덕(福德)에 의하여 현재의 삶이 정해지는 까닭인지라 .이 모두가 내 탓이다.
전생의 복덕이 많으면 재벌의 집안에서 태어나 호의호식하며 일생을 보낼 수 있지만 그렇지 못한 점수의 소지자는 축생으로 환생하거나 인간의 몸을 받아도 고난의 틈바구니에서 한 평생을 어렵게 또 어렵게 살아간다.

그러나 혹 어떤 이들은 남부럽지 않은 집안에 태어나 일류 대학을 졸업하고도 질병으로 평생을 고생하기도 하며, 또 어떤 경우에는 불의(不意)의 사고로 유명(遺命)을 달리하는 경우가 있다. 이것은 자기의 복덕이 모자라는데도 불구하고 좋은 환경을 선택한 실수일 따름이다. 모든 인연은 전생에 지어 놓은 인과의 법칙인 카르마(업장)에서 절대로 벗어나지 못한다.

최근에 TV에서 최면술로 연예인들의 전생을 보여주는 프로가 시청자들에게 재미를 선사하고 있다. 최면술과는 다르게 일생을 수행에 전념한 선승(禪僧)은 참선(參禪)중에 전생을 어렵지 않게 볼 수도 있다. 그뿐 아니라 명상이나 기공(氣功), 요가 등을 오랫동안 수련한 높은 수준의 구도자들 역시 자신뿐 아니라 타인의 전생을 볼 수도 있다.

그러나 이러한 일 들은 영적인 능력을 가져야 만이 볼 수 있는 화면이다. 그래서 무속인들의 상업적인 수단으로 사용되어 혹세무민한 경우가 대부분이므로 개의치 말아야한다.

고신도(古神道)수련에서는 전생을 보는 것에 국한하지 않고 전생에 새겨 놓은 카르마를 풀어내어 회자정리(會者定離)의 해법의 힘을 기르는 것에 더욱 중점을 둔다. 그리고 나아가 윤회의 굴레에 벗어나 자유인이 될 수 있는 해탈의 깨달음까지를 목표로 한다.

그러므로 수행자는 먼저 전생의 빚인 카르마를 해소시킬 수 있는 법력을 기르지 않으면 안 된다. 카르마는 이번 생에 갚지 못하면 다음 생으로, 그것도 아니면 그 다음 생에라도 반드시 해결해야 한다. 그렇지 못할 경우 우리는 반드시 질병이나 우환에 직면하게 된다.

흔히들 부정부패로 한 몫 챙기고도 잘 먹고 잘 지낸다. 그러나 업장(業障)이란 탁구테이블 위의 되받아친 공처럼 허공을 날아가는 과정일 따름이지 그 결과는 곧 나타나게 되어있다.

'천망회회 불설이망'이라 '하늘의 그물은 엉성한 것 같지만 한 치의 빈틈도 없다.'

다음과 같은 저자의 경험을 술회하고자 한다.

어느 장맛비 추적추적 내리는 여름 날 초췌한 모습의 한 젊은 이가 방문하였다. 해맑간 피부에 균형 잡힌 얼굴은 귀공자상인데 병마에 시달려 볼품없이 야윈 탓에 눈동자는 힘없이 풀어져 있다.

대학졸업 후 건강이 악화되어 취업할 엄두도 내지 못하고 하루하루 고통의 나날을 보내고 있었다. 종합병원을 전전하였지만 아무런 차도가 없을 뿐 아니라 더욱 더 심해지고 있으니 병원에서 고칠 수 없는 영병(靈病)임을 본인은 짐작하고 있었다.

허리가 자꾸만 한 쪽으로 비틀어져 돌아가고 있어서 중심을 잡지 못하였다. 항시 옆으로 걸어야만 똑바로 걸을 수가 있어 마치 바다 게의 옆걸음처럼 움직임이 매우 불편하게 보였다.

자신의 병이 영병(靈病)이 확실하다면서 몸에 붙어 있는 빙의령을 천도(薦度) 시킬 수 있는 방법을 물어왔다.

방문객으로부터 늘 받아오는 부탁이지만 상대방의 진실된 각오가 없으면 수행법을 전수할 수가 없다. 왜냐하면 수행이란 진실된 의지와 더불어 스승의 법력이 함께 해야 하기 때문이다.

고신도(古神道)수련이 타 종교의 수행법과 다른점은 육신의 건강에서 오는 맑은 기운과 마음의 청정에서 얻어지는 법력을 기초로 하기 때문이다. 선도(仙道)가 기(氣)수련이 전부인 것처럼 세간에서 알고 있지만 고급수행자가 될수록 그 바탕은 맑음이다. 그 맑음이 곧 고급기운으로 변하면서 법력이 된다. 법력은 전생의 빚인 업장을 소멸시킨다. 그래서 마침내 본성을 만남으로써 견성(見性)한다.

법력은 카르마(업장)의 원인이 되는 빙의령을 천도시켜 질병을 치료하기도 하지만 궁극적으로는 깨달음을 향한 구도행(求道行)의 힘인 것이다. 이렇게 구도의 길을 가다보면 저절로 카르마가 해소되면서 병은 자연스럽게 치유가 된다.

이 청년 역시 어떤 카르마의 작용이 분명하지만 섣불리 말할 수 없을 정도로 심각했다. 명상(冥想)중에 청년의 전생의 화면이 펼쳐진다.

"근세 중국의 한 도시에 소재(所在)하는 큰 강의 토목공사 현장이다. 최고 행정책임자가 청년의 전생이다.

다시 화면이 바뀌면서 급류에 떠내려가는 엄청난 크기의 다리 교각의 잔해와 그곳 현장인부들의 아비규환으로 아수라판이다. 범람하는 물길 속에 수많은 사람들이 지푸라기라도 잡으려고 몸부림치는 장면은 참으로 목불인견(目不忍見)이다. 그러나 대양의 파도처럼 밀려오는 집체만한 물줄기는 한 순간에 흔적도 없이 토목공사의 부실현장과 함께 수많은 인명을 앗아갔다."

허리가 뒤틀어지는 환부(患部)의 빙의령은 사고 현장에서 목숨을 잃은 원귀(寃鬼)들의 집단 빙의령이다. 이처럼 공적(公的)인 사고(事故)의 책임도 '하늘의 그물'은 분명하게 각인시키고 있는 것이다.

청년에게 전생의 사건들을 설명하였다. 믿기는 힘들겠지만 '뿌린 대로 거두리라'의 성서의 말씀을 새기며 병(病)의 고통도 중요하지만 빙의령의 원인 제공자인 업장을 없앨 수 있는 수행의 필요성과 구도자의 마음가짐에 대해 자세히 설명했다.

한동안 열심히 수행에 매진하더니만 생각이 점점 다른 길로 빠지는 듯 했다. 몇 번의 충고와 격려로 용기를 북돋아주었지만 육신의 고통과 믿음의 한계로 인해 수행을 게을리 하여 더 이상 지도하기가 어려웠다. 물론 병세가 너무 심각하다보니 여기저기 정보도 필요했음은 백번 이해할 수가 있다. 그러나 참스승이라고 인정이 되면 믿고 따라 와야지 그 믿음을 놓치면 인간관계가 허물어진다.

허나 놀랍게도 외모의 약한 모습과는 달리 정치행정과 출신이며 행정에도 관심과 재능이 있음을 알게 됐다. 전생의 재능이 현생에까지 이어져 이번 생에서도 행정에 대해 매력을 가지고 있음이 이야기 중에 종종 나타난다. 이로써 영혼의 불멸을 다시 한 번 확인하게 된 계기가 되었다.

카르마란 과거의 빚인 동시에 과제이며 숙제이다. 빚이 과거에 기초한 개념이라면 숙제란 현재적인 개념으로서 영격(靈格)의 향상을 위한 과업이다. 우리가 살아가고 있는 이 지구는 영적인 진보를 위한 학습장임을 알아야 한다.

과거 전생에서 해결하지 못하고 이월된 과제를 이번 생에는 반드시 해결해야 할 막중한 사명의 삶임을 잊지 말아야 할 것이다. 시련과 장애를 일으키는 카르마라는 이름은 세상의 재미에 빠져 이 세상에 다시 나온 목적을 잊고 있을 때, 한편으로는 꿈을 깨게 해주는 회초리를 든 선생님과도 같다.

'시련이란 하느님이 저버리지 않는 이들에게만 주는 선물'인 것이다.

스님이나 수행자들이 세상을 등지고 구도(求道)에 일생을 바치는 것을 현실도피라 생각하거나 혹은 별종으로 치는 이들이 대부분이다. 그러나 그 고귀한 뜻은 이러한 카르마의 존재를 대중(大衆)들에게 알리고 가르치기 위해서다. 육신의 안락과 세상의 즐거움을 도외시하고 스스로 고행(苦行)의 길을 택한 것임을 우리는 새삼 인식해야 할 것이다.

3) 영(靈)들의 반란?

롯데 문화센터에서 요가를 강의(講義) 하던 때이다. 대부분 주부로 구성된 회원들로써 정통적 요가 아사나를 한 시간 남짓 진행하면서 동시에 우리고유의 고신도(古神道)수련법인 단전호흡을 접목하여 명상(冥想)을 지도하였다.

어느 날 오전 강의 중 명상에 잠겨 있을 때였다.

한 주부가 갑자기 놀라는 몸짓으로 한 손을 들고 주섬주섬 말을 더듬는다.

"선생님 저의 오른 쪽 어깨에 웬 낯선 남자가 보이는데요, 무서워 죽겠어요!."

다들 깜짝 놀라면서 질문하는 주부회원을 쳐다보지만 아무 것도 없는 것에 다소 안심한 듯 다시 명상에 빠진다.

그러나 사실 영안(靈眼)으로는 어떤 모습이 보인다.

'머리가 길게 헝클어진 중년 남자가 보인다. 방금 화재(火災) 현장에서 탈출해 나온듯한 시꺼먼 얼굴이 숯검정으로 그을린 얼룩진 모습이다.

놀란 표정으로 질문하던 그 부인의 어깨 위에 앉아 있다. 그뿐 아니라 그 부인의 가슴에는 남루한 옷차림의 두 남매를 품에 안은 애기 엄마의 애처로운 모습의 화면도 보인다. 아마도 화전을 일구고 살았던 화전민의 일가족 영(靈)인 듯하다.

다시 삼매에 든다.

마침내 빙의령들은 깨끗한 차림으로 모습을 바꾸고 합장하며 천도가 되어 하늘로 올라간다. "고맙습니다! 고맙습니다!" 몇 번이고 목례를 한다.'

요가수련을 마치고 질문했던 그 주부와의 단독상담으로 개인의 건강정보를 듣게 되었다.

"어느 때부턴가 작은 일에도 갑자기 잘 놀라며 가슴이 두근두근 뛰는 심계항진이 있어 병원치료를 받고 있으나 별로 차도가 없었습니다. 남들이 예사롭게 넘어가는 집안의 작은 일에도 깜짝깜짝 놀라니 가족과도 보이지 않는 벽이 생겨 죽을 지경입니다. 다행히 문화 센터에서 시행하는 요가와 단전호흡으로 건강이 좋아지기를 기대하고 등록을 하였습니다."

학창시절에는 교회를 열심히 다녔고 결혼 후 시가 댁이 불교 집안이라 가끔씩 시어머니와 함께 절에 불공을 드리는 소극적인 불교인이었다. 그러나 오늘처럼 이상한 영(靈)적인 경험은 처음이라는 것이다.

그 주부의 빙의(憑依)령은 전생의 가족사(家族史)이다. 양반의

딸이면서 반상의 법을 무시하고 상것의 총각과 야반도주하여 화전을 일구며 살던 전생의 딸과 그의 자식들이었다.

몇 년 후 산 속 딸아이의 식구들이 화재로 인한 사망 소식에 놀라 충격을 받았던 전생의 사연이다. 그 때 그 사건의 영(靈)이 빙의가 되어와 현세에서 작은 일에도 깜짝깜짝 놀라는 심장병을 숙명으로 여기면서 살아오게 된 것이다.

"그런데 방금 선생님과 얘기하던 중 가슴이 시원해지면서 십년 먹은 체증이 내려가네요"하며 얼굴이 밝아진다.

지금까지 부인에게 빙의된 전생의 영(靈)들이 저자(著者)를 통해서 방금 막 천도가 된 것이다. 어깨 위에 앉아있던 그 낯선 중년 남자의 영(靈)은 전생의 철전지 원수였던 사위였다.

빙의(憑依)란 어둠의 그림자로써 복덕이 있으면 인연 따라 성령의 빛을 만나게 되어 앞의 경우처럼 한 순간에 천도가 된다. 영가천도능력이 있는 고급수행자와는 잠깐 동안의 짧은 집중의 시간에도 구천을 떠도는 중음신들이 천도되는 현상이 나타난다.

참선이나 명상을 하다가 나타나는 환상과 환청 등 이상하고 신기한 일들은 대부분 영적인 현상으로 누구에게나 일어날 수 있다. 그러나 그 이상도 이하도 아니므로 그냥 무심하게 넘기는 것이 좋다. 단지 수행자에게 영혼의 존재를 알려주는 정도로 가볍게 여기면 된다.

　영(靈)이란 눈에 보이지 않는 에너지의 파장으로 일반적으로
느낌만 있고 모습은 보이지 않지만 경우에 따라서는 화면으로
보이기도 한다. 인간내면을 향하여 깨달음을 찾아가는 깊은 명
상에서 심신이 청정해지면 비로소 볼 수 있는 아수라(阿修羅)계
의 모습이다.
　흔히 신(神)내린 무당에게만 보이는 영(靈)의 세계라 하여 미
신이라 몰아붙이며 사악시 하지만 이것은 잘못 이해된 것이다.
악령과 함께 성령 역시 같은 영(靈)의 이름으로 존재하고 있다.
　카톨릭에서의 '성부와 성자와 성령(聖靈)의 이름으로 아멘'
이 바로 그것이다.
　수행이 깊은 수행자는 성령과 악령을 구분 없이 볼 수 있는데
이것 또한 신실한 수행자라면 누구라도 가질 수 있는 능력이다.

　불경의 해인삼매(海印三昧)는 깨달은 세계의 모습을 설명한
것이다. 해인삼매인 향수해(香水海)의 바다는 어찌나 맑든지 세
상의 모든 사물과 모습 없는 영혼의 세계까지 여기에서 저기를
보듯이 한꺼번에 비친다고 한다. 마치 도장을 찍은 것과 같이 단
번에 파노라마 처럼 펼쳐지는 이 향수해(香水海)는 깨친 세계의
경지에 비유한 말이다.

따라서 깨달음을 얻게 되면 육신이 없는 영혼이나 귀신의 세계인 무색신(無色身)의 세계까지도 볼 수 있다. 물론 해인삼매는 영혼과 귀신을 보는 중생세간과 기세간에 국한 된 것이 아니다.

우주의 공간과 시간을 초월하고 해탈하는 깨달음의 세계인 지정각세간의 통찰력을 의미하고 있다.

4) 성령(性靈)인가? 악령(惡靈)인가?

그리스도교는 하느님인 성부(聖父)와 예수 그리스도인 성자(聖子)와 성령(聖靈)을 동격의 하나라는 삼위일체설을 믿고 있다. 하느님인 신(神)과 인간인 예수 그리스도가 하나라는 진리는 타 종교단체의 반론(反論)에 더욱 힘을 가세하며 부활(復活)의 허구성과 함께 논란의 대상이 되고 있다.

AD325년 콘스탄티누스 황제가 주최한 니케아 종교회의 결과에 대하여도 일부 식자(識者)들의 부정적인 시각이 존재한다. 교리의 결정적인 쟁점은 예수의 신성과 인간성의 문제로 아버지 하느님과 아들인 그리스도는 본질이 같은가 다른가 하는 것이었다.

결국 알렉산드파의 아타나시우스가 주장하는 "아버지인 하느님과 아들인 그리스도는 동일한 본질이다." 라는 해석이 옳은 것으로 결정되었다. 이것이 오늘의 교회법이 만들어진 동기이다.

사람에게 오신 하느님은 하느님이라 부르기 죄송하여 성령이라고 말을 바꾼다. 성령이 충만하면 육신의 몸도 하느님과 같아지면서 우주 창조의 기적과 동일한 수준의 기적을 구사할 수 있게 된다. 불교에서는 6신통인 누진통(漏盡通)으로 설명되는 아뇩다라삼막삼보리(무상정득정각)의 경지이다.

성령이란 결국 하느님이며 또 동시에 하느님의 내적(內的)인 에너지인 법신(法身)의 힘이다. 깊은 수행으로 혜안(慧眼)이 열려 성령을 만나고 경험해보면 삼위일체설을 부인하지 못하게 된다.

성령(聖靈)의 실(實) 체험이야말로 모든 의문을 푸는 열쇠가 된다. 물론 육신의 예수와, 법신의 그리스도를 나누어서 이해하는 차원에서이다.

성령은 오직 절대자 하느님만이 구사할 수 있는 절대계 최고의 영역인 무상정득정각의 에너지인 법력이다.

그러나 악령은 이와 반대로 순기능인 성령을 제외한 모든 영적인 역기능의 에너지들이다. 이들은 건강한 육체를 병들게 하며 곪아터지게 하는 질병을 일으키는 힘이며, 삶의 중간중간마다 크나큰 장해(障害)를 일으켜 시련과 절망을 안겨주는 마왕의 힘으로써 그 층이 각양각색이며 천차만별이다.

적게는 무당에서부터 크게는 성령을 가장한 마왕(魔王)의 에너지까지 자칫하면 혼란이 일어날 수 있어 혜안(慧眼)이 열리지 않으면 전혀 구분할 수가 없다.

깨달음을 얻기 위한 8정도(八正道)중에서 정견(正見)을 최고로 꼽는 이유가 바로 여기에 있다. 정견이란 바로 볼 수 있는 능력으로 정법과 사법의 판별력이다. 초능력이나 신통은 이 세상을 미혹시키기에는 충분하다. 신통(神通)을 부리는 마구니는 초능력뿐 아니라 부처님이나 하느님의 모습으로도 나타나 이것을 목격하는 이들로 하여금 신비주의에 빠지게 한다.

　　그러나 절대자 하느님의 성령은 특별하거나 기이한 모습이 아닌 아주 평범하고 순수한 자연의 모습으로 우리 앞으로 나타날 따름이다. 그 능력은 무궁무진하여 천지를 창조하고 주관하시기에 일개의 신통을 부리는 마왕의 능력과는 비교조차도 할 수 없다.

　　카톨릭의 로마 교황청에서도 전 세계에 산재한 교회들로부터 성모마리아와 십자가에 관련된 기적 사례들을 보고 받는다. 수많은 신비하고 신기한 사례들 중 하느님의 기적이 아니고는 달리 해석할 수 없는 일들이 있지만 엄정한 심사를 거쳐야함은 당연한 일이다.

　　예를 들어 한국카톨릭 200주년 여의도 행사시 하늘에 나타난 십자가를 촬영한 사진은 현장에 있었던 이들의 증언만이라도 신비한 기적의 체험이다. 그러나 기적의 적부(適否)를 가리는 데는 많은 시간을 요(要)하고 더욱이 하느님의 기적으로 인정하는 예는 극히 드물다.

　　성령(聖靈)의 기적은 눈에 보이도록 나타나는 것이 아니라 '이웃을 내 몸과 같이 사랑하고 자비를 베풀 때' 오는 것이다.

특히 수행자는 그 목표가 신실하고 정법의 법문인 무심(無心)으로 정진할 때만 성령(聖靈)의 하느님이나 관세음보살의 화신(化身)을 만날 수 있다.

인간의 두뇌로 일으키는 생각에 의한 초능력은 기적이기보다는 어둠의 에너지인 마구니의 신통임을 알고 우선 경계해야 할 것이다.

『약(若)보살(菩薩) 심주어법(心住於法)하여 이행보시(而行布施)하면 여인인암(如人人闇)에 즉무소견(卽無所見)이어라,

약(若)보살(菩薩)이 심부주법(心不住法)하여 이행보시(而行布施)하면 여인유목(如人有目)커든 일광명조(日光明照)하여 견종종색(見種種色)이니라.』

"보살이 만약 마음을 어떤 법에 머물러 보시하면 (지향을 두고 기도를 하여 일어나는 기적은) 마치 사람이 어둠 가운데서 아무것도 볼 수 없는 것과 같고,

보살이 만약 마음을 어떤 법에 머물지 않고 보시하면 (묵상기도와 참선을 통하여 무심으로 나타나는 기적은) 햇빛이 밝게 비칠 적에 밝은 눈으로 갖가지온갖 물체를 분별해 보는 것과 같으니라."

– 금강경 –

5) 영(靈)은 에너지의 한 형태에 불과하다

히말라야에서 온 큰 스승이라고 추대 받는 베트남 출신 비구니 스님은 출중한 도인(道人)으로 세계 각국(各國)에 수 많은 명상센터를 운영하고 있다. 젊은 시절 일찍 구도(求道)에 뜻을 두고 단란한 결혼생활도 마다한 채 고행의 길인 티베트 행을 택한다.

달라이 라마와의 친분을 내세우고 있는 것을 미루어 짐작하면 티베트와는 인연이 깊은 구도자인 것 같다. 그는 오랜 방황 끝에 드디어 세기의 스승을 만나 불과 6개월만의 짧은 기간에 최상의 법문을 전수 받아 깨달음을 얻게 된다.

완전한 채식과 명상만이 카르마를 지울 수 있다는 법어(法語)는 현대를 사는 생활인에게는 신선한 충격을 선사하며 다시 한 번 그를 우러러 보게 한다.

과식(過食)과 육식(肉食)으로 얼룩진 오늘의 과도한 식생활 문화는 몰락 직전의 로마시대를 보는 것 같아 안쓰럽기 짝이 없다. 그런 와중에 다행히 채식을 통하여 건강을 지킬 수 있고 한 걸음 나아가 구업(舊業)과 신업(身業)의 카르마를 지울 수 있다하니 얼마나 다행스러운 일인가!

채식은 육식에 비해 정갈하고 카르마 부분에서도 미약할 수 있지만 채식만의 식단은 자칫 영양 불균형을 가져 올 수가 있다. 육체적인 활동이 적은 노인이나 부인들은 충분할 수 있으나 활동이 과격한 운동선수나 지속적인 활동이 필요한 현대인에게는 채식 한가지만으로는 정상적인 생활이 불가능하다. 특히 부부생활을 하는 재가자들은 재고해야 한다.

그런 탓에 초기 수행자의 매끼 생식이나 채식은 자칫 영양 불균형을 야기하여 건강에 적지 않은 위험을 초래한다. '건강한 육체에 건강한 정신이 깃든다' 는 평범한 진리를 외면하면 수행(修行)중에 상기병이나 빙의령에 쉽게 노출이 된다.

그러나 고신도(古神道)수련을 통하여 천기(天氣)의 운행이 제대로 이루어져 기운(氣運)을 운용할 수 있을 때는 생식이나 채식만의 식사로도 일상이 가능해진다.

채식이 구도자에게 필수인 것은 식물은 동물에 비해 에너지의 파장이 적어서 육신을 짧은 시일에 청정하게 만들 수 있기 때문이다. 저자(著者) 역시 지금까지 15년 동안 생식을 일상적으로 해오고 있다.

산은 평지에 비하여 지기(地氣)가 가득하다. 움직임이 끝난 산

맥도 높으면 높을수록 지기(地氣)가 넘쳐 신령스럽게 느껴진다. 손쉽게 오를 수 있는 마을 뒷산에도 영험이 있어 무당이 산신각을 세우고 신통(神通)을 부리는데 하물며 8,000m의 험난한 십여 개의 고봉이 그 기세를 자랑하는 세계의 지붕인 히말라야는 어떠하겠는가? 지구의 지각 변동에 얼마나 큰 힘이 발생하였기에 단번에 지표에서 그 엄청난 융기를 분출했을까하고 당시의 광경을 그려보면 그 때의 에너지는 상상을 불허한다.

눈에 보이는 현상계는 높은 준봉(峻峰)만 보이지만 초자연계의 입장에서 보면 히말라야에는 어마어마한 영적인 에너지가 영원히 존재한다. 그런 연유로 히말라야의 고산에는 수많은 구도자들이 오늘도 고행(苦行)을 삶의 전부로 받아들이며 뼈를 깎는 수행의 나날을 보내고 있다.

그러나 지기(地氣)는 땅에서 나오는 제한된 에너지일 따름이지 절대계의 입장에서 보면 그 이상은 아니다. 하지만 이러한 제한된 에너지인 지기(地氣)의 영향도 인간에게는 무척이나 크다.

몇 해 전 서울에서 활동하는 최고수준의 도인(道人)이신 김 선생 댁을 방문하여 도담(道談)을 나눈 일이 있었다. 오랜만에 뵙지만 김 선생 댁의 기운은 언제나 청량하여 한 순간에 육신에 빙의된 영(靈)을 정화시켜 삼매에 바로 빠져들게 한다.

그런 연유로 전국 각지에서 도(道)를 공부하는 수행자들이 줄을 잇는다. 그런데 그 날은 기운이 너무 강렬하여 몸을 주체하기가 힘들 뿐 아니라 기(氣)가 강하다 못해 부러질 것 같은 느낌이었다. 더욱이 김 선생은 중단전(中丹田)까지 막혀있어 가슴을 짓누르는 답답함 때문에 오랫동안 있기가 불편하여 잠시 후 일어섰다.

다음 날 새벽 관악산을 함께 오르면서 "요 근자에 수행에 문제가 없습니까?" 하고 질문을 하였다. 그랬더니 한 달포 전에 백두산을 다녀온 여행기와 그 곳에서 백두산 산신령을 만났던 장면을 다음과 같이 세세하게 설명하였다.

"백두산은 일기 변화가 무성해 안개가 걷힌 천지를 구경하기가 아주 힘들다는 안내자의 말에 모처럼의 기회인데 낙심이 되더군. 그래서 재미삼아 '산신령이 있다면 좀 도와주구려' 하며 잠시 발을 멈춘 찰나 흰 호랑이가 넓죽 절을 올리면서 예(禮)를 표하더군요.

'걱정하지 마십시오' 하며 텔레파시로 영적인 교감이 몇 차례 오고 간 후 모습을 감추었어요. 이윽고 정상에 도착하니 청명한 하늘이 우릴 기다리고 있었소. 안개가 걷힌 탁 트인 천지를 구경하고 기념촬영도 무사히 마치고 하산하였는데 그 이후로 백호의 영(靈)이 빙의되어 가슴이 답답해서 고통스럽소. 벌써 한 보름이 되어가는군요.

백두산의 산신령이 백호인 줄 생각도 못했거니와 더구나 나에게 힘을 빌리기 위해 빙의가 되었다니 믿어지지가 않으나 그래도 나쁜 기분은 아니었소."

그러나 빙의령이 너무 오랫동안 천도가 되지 않으니 가슴이 매우 답답하다는 말씀이 끝나기도 전에 바로 저자에게로 빙의령이 넘어왔다. 다음날 새벽 명상(冥想)시 가슴에 있던 영(靈)이 천도 될 때 대호(大虎) 한 마리가 모습을 드러낸다.

빙의령은 수행이 같은 수준에 있거나 법력의 빛이 강한 도인(道人)에게로 양다리를 걸쳐서 자기의 갈 길을 재촉한다. 영계(靈界)에서는 자기보다 영격(靈格)이 높아야만 전이가 되는데 마치 물이 높은 곳에서 낮은 곳으로 흘러가는 법칙과 같다.

이와는 대조적으로 산(山)기도를 하는 무당이나 신비주의에 빠진 맹신(盲信)은 주인이 없는 집에 도둑이 들어오는 것과 같다. 이것은 마치 호전국이 다른 나라의 영토를 닥치는 대로 침범하듯 무조건 인체에 달라붙는다. 그리고는 인체의 사령부격인 두뇌의 경혈을 막으면서 육신을 자기의 수하로 만든다.

특히 내림굿을 하는 영매(靈媒)에게는 적은 신통을 주는 것으로서 접신을 하여 육신을 자기 마음대로 좌지우지한다. 접신이 된다는 것은 육신의 안전장치인 경혈을 포기함으로써 하찮고 낮은 신통을 얻는 행위로 종국에는 정기를 빼앗겨 폐인이 되고 만다.

이처럼 눈에 보이지 않는 초자연계(超自然界)의 에너지 저 뒤편에는 언제나 마왕의 부하인 마구니가 눈을 부릅뜨고 있음을 인식 해야 한다.

바다에는 바다를 수호하는 용왕신이 거주하고, 산에는 각기 산의 정기에 따라 등급의 영(靈)이 산신으로 존재한다.

그러나 아무리 큰 영(靈)이라도 내치면 별 볼 일 없다.

인간의 연약한 면만 드러내어 신(神)에게 의지하여 필요 없이 미신을 지키거나 숭배하는 관습은 지양해야 함을 각별히 잊지 말아야 할 것이다.

6) 집착의 끈에 매여진 영(靈)

죽음이란 가족들에게는 엄청난 사건이지만 정작 본인에게는 죽음에서 오는 공포감 외는 기억하지도 못하고 별로 실감할 수도 없다. 죽음이란 단지 옷을 바꿔 입는 행위에 지나지 않는다며 불전(佛典)에서도 전하고 있다.

어제 입은 옷이 몸에 맞지 않거나 남루하여 다른 옷으로 다시 갈아입는 것뿐이다. 그래서 죽음 그 자체는 본인은 전혀 알지 못하고 죽은 줄도 모른다.

[원오심요]에는 생사(生死)를 다음과 같이 표현하였다.

태어나는 것은 적삼을 입는 것과 같고
죽는 것은 바지를 벗는 것이나 같다.

동사무소를 향하여 바삐 걸어가다가 무엇인가 충격이 있어 덜컹했지만 약속시간에 쫓겨 벌떡 일어나 걸음을 재촉한다. 길을 향하다 말고 인기척에 뒤를 돌아보니 교통사고가 난 듯 차량들이 멈춰서고 사람들이 웅성거린다.

시간이 조금 지체되었지만 그래도 바쁜 걸음으로 동사무소에 도착하였다. 만나기로 약속한 직원에게 아는 척 하지만 전혀 눈길을 주지 않는다. 그러면서 옆 사람과 얘기를 끝내며 보고 있던 신문을 접는다.

"퇴근 시간까지 인감도장을 가져온다 해 놓고 반시간이 지나도록 연락이 없으니 이제 그냥 나가세."하며 일어선다.

"아니 나 여기 왔잖아요! 이봐요!"

몇 번이고 고함치며 말하고 직원을 붙잡지만 손에 잡히지도 않고 그냥 자기 몸을 통과하여 지나가 버린다.

"아니 이게 어찌 된 일이냐. 내가 혹시 술이 덜 깨어서 꿈을 꾸고 있나?"하며 동사무소를 나온다. 오던 길에 좀 전에 인파가 웅성거렸던 곳을 다시 지나게 된다.

'이게 웬일이냐! 나와 똑 같은 녀석이 술을 먹고 뻗어 있네. 그 참 신기하네!' 하며 마음속으로 중얼댄다.

같은 동네에 살고 있는 이웃이 사고(事故)현장을 지켜보다 한 마디 내뱉는다.

"매일 술독에 빠져 있더니 결국 황천길이네. 쯔! 쯔! 쯔!"

"이게 꿈인가….내가 술이 확실히 덜 깨었나 보다" 하며 혼자 어리둥절하고 있는데, 마침 요전 날 술독에 빠져 헤매다가 간암에 걸려 죽은 술친구가 내 어깨를 툭 친다.

"야 임마! 너는 죽었어, 돌아가셨다고. 너는 나와 같은 귀신이야!"

그러고 보니 사고(事故) 현장에는 가마니를 덮어놓은 시체를 부둥켜안고 마누라와 가족들이 울고불고 난리다.

　"술로써 세월 보내더니 결국 술 때문에 죽었구려!! 흑! 흑! 흑!"

　'내가 죽다니, 아! 이제 정말 죽었구나'

　침울해 있는 나에게 귀신친구가 고함을 친다.

　"야 친구야! 술이나 한잔하세!"

　가뜩이나 갈증이 나 있는 참에 술 얘기에 귀가 솔깃하다.

　"그래, 한 잔하러 가세!"

　'죽음이란 몸만 없다 뿐이지 살았을 때와 똑 같구나…' 며 귀신친구를 따라간다.

　가까이 있는 술집에 가니 술이 곤드레만드레 취해있는 주당(酒黨)들이 질펀하다.

　그래도 우선 갈증이 심하니 '어디 한잔 살짝 마셔 보자' 하며 술잔을 잡지만 잔을 잡을 수가 없는 귀신의 몸이다.

　"이런 바보 귀신아! 귀신은 술잔으로 술을 마시는 것이 아니니 내가 시키는 대로 하면 오늘 실컷 먹을 수 있다"며 취객의 몸 안으로 슬쩍 사라진다.

　술에 취해 횡설수설하는 취객 가까이 있다가 필름이 잠깐 끊기는 순간, 취객의 몸속으로 파고 들어갔다.

　"어이쿠! 어디서 소름 끼치는 한기(寒氣)가 들어오느냐!"하며 부르르 떨지만 내 귀신은 주당의 몸 안에 반듯하게 자리 잡았다.

"자! 이제부터 당신의 몸은 내 술귀신이 시키는 대로 퍼 마셔야 될거야" 하며 첫잔을 부어 넣는다.

"어이쿠, 시원하다. 야! 아그들아! 폭탄주 한번 돌려 봐" 하며 실컷 마셔 댄다.

매일 술독에 빠지는 주당들이여! 첫잔은 내가 마시지만 그 다음 잔은 언제나 귀신이 마셔 대는 마구니의 장난인줄을 잊지 말아야 할 것이다.

죽음이란 육신은 없지만 영혼의 나는 살아 있다. 살았을 때와 똑같은 행동과 몸짓의 중음신(重陰神)으로 살다보니 본인은 죽었는지 생시인지 전혀 구분이 되지 않는다.

중음신(重陰神)이란 살아생전에 이것도 저것도 아닌 삶, 다시 말하면 천국에 갈 수 있는 선덕(善德)도 모자라고 그렇다고 악한 짓을 하여 아귀 지옥의 불구덩이에 떨어지는 악행도 하지 못한 일반 중생들의 영혼이 갈 곳 없어 구천에 떠돌아다니는 영(靈)들의 총칭이다.

이런 중음신의 영혼은 생전에 이웃에 대한 보시(普施)가 모자라 구천을 헤매고 다니지만 이와는 달리 이승에 미련이 남아 자손들에게 무엇인가를 전해 주려고 하는 집념파도 있다.

그러나 이승과 저승의 파장은 달라서 아무리 말을 한들 알 수가 없고 가르친들 전해 받을 수가 없으니 결국 다른 빙의령이나 마찬가지로 자손들에게 해코지를 하게 된다.

조상령이 이렇게 하라고 시켜도 모르고, 저렇게 가르쳐도 딴 짓을 하고 있으니 도움을 주기는커녕 자손의 몸에 들러붙어 이승의 업장을 포개어 전해줄 뿐이다.

간암으로 죽은 조상령은 간장의 경혈을 막는 빙의령이 되어 간병을 일으키고 또 어떤 조상령은 애지중지한 손자의 목 뒤에 걸터앉아 뒷목을 항시 뻣뻣하게 한다. 흔히 스트레스로 인하여 일어나는 경추 디스크는 알고 보면 구천을 떠도는 조상들의 영혼일수도 있다.

공덕(功德)이 많은 조상은 자손을 위해 도움을 줄 수 있지만, 공덕이 있는 이가 이 세상에 얼마나 있으랴. 보시로서 짓는 복은 복일 수는 있지만 공덕은 아님을 경전에서도 말하고 있다.

『공덕이란 칠보보시가 아니고 불경의 사구게(四句偈)만이 그 복이
　더욱 승피하리라』

-금강경-

어느 세무 회계사의 가족사이다.

본회 회원과 함께 방문한 남소장의 양친께서는 설악산 관광 길에 마주 오는 화물차와 정면 충돌하여 부친은 현장에서 운명 하시고 모친은 중상으로 3개월 간 입원치료 중 결국 유명(遺命) 을 달리하셨다. 이름 난 사찰에서 49제를 모시고 부친의 천도제 를 성대히 지냈다. 그리고 모친이 세상을 떠난 후에도 유명한 큰 스님을 모시고 제(祭)를 크게 올렸다.

그런데 모친상을 치른 후로 매일 밤 꿈속에 나타나는 시어머 니 때문에 부인은 밤잠을 설치기 일쑤였다. 더욱이 가족들이 모 두 출근한 오전시간, 설거지나 집안일을 혼자하고 있을 때 갑자 기 무서움증이 일어나 도저히 견딜 수가 없었다. 특히 외출을 하 고 귀가 할 때면 오싹 소름이 끼쳐서 대문을 들어서기가 겁이 나 서 죽을 지경이었다.

마침 세무사 친목 모임에 가서 이런 저런 얘기를 나누다가 집 안 안부를 물어온다. 이참에 상(喪)을 당한 후 고통이 예사롭지 않다는 하소연에 회원 한 분이 용한 무당을 소개할 터이니 의논 하란다.

그래도 수준 있는 모임에서 허튼 소리 할 회원들이 아니라 달 갑지 않았지만 '귀신은 스님보다는 무당이라야 된다' 하여 날을 받아 굿을 하기로 하였다.

그 무당은 사고 현장까지 달려가서 며칠 동안이나 푸닥거리를 하고 영혼을 좋은 곳으로 인도하였다고 했지만 달라진 것은 없었다. 오히려 비용만 날리고 제자리걸음이라 집안이 안절부절 정신이 온전치 못한 판국이었다.

본회 회원의 부탁이라 저자가 직접 나섰다. 가족들을 모두 불러 제사를 준비하였다. 본래 제사란 조상을 기리는 풍습으로 조상을 생각함으로써 조상의 영(靈)이 왕림하는 것이다.

영(靈)을 부를 때에도 마찬가지로 제상(祭床)을 차려야만 제사 분위기를 갖출 수 있기에 떡 벌어진 음식보다는 어쩌면 추도하는 마음의 비중이 크다. 그렇지만 정성을 들여 성대히 지낸다는 것이 진심과 비례한다고 아니 할 수가 없는 게 현실이다.
그러나 법력의 제(祭)는 간단한 제물만으로도 혼령을 불러 낼 수가 있다.
두 자루의 촛불과 약간의 과일 그리고 생쌀 한 그릇 정도면 잘 차린 제상이다.
가족들을 불러 모아 제사를 지낸다.
드디어 영혼이 모습을 드러낸다. 시어머니의 영(靈)이다.

며느리에게 무언가 할 말이 있단다.

"에미에게 꼭 전(傳)할 말이 있습니다."

두 번 세 번 시어머니의 영혼이 청을 하는데 들어보지 않을 수 없다. 그러나 말해본들 며느리에게는 들리지 않으니 대신 전해줄 것을 약속하며 이승과 저승이 다르니 좋은 데로 가시라고 텔레파시로 대화한다.

"밝은 빛 있을 때 내 몸 타고 가세요"

영혼은 편안한 얼굴로 모습이 바뀌며 두 손 모아 합장하며 천도되어간다.

"방금 모친께서는 하늘나라로 떠났습니다. 그런데 할 말씀이 있으시다니 부인께서는 무슨 말씀인지 아시지요"

부인은 다소곳이 머리를 숙이고 끄떡이며 눈물을 글썽거린다.

그런데 또 다른 영혼이 부인의 어깨 위에 앉아있다.

"아니 이게 누구세요, 주름투성이 노(老)할머니의 모습이 보이는데 혹시 아세요?"

"그럼 선생님도 그분이 보이십니까? 지난 번 무당이 굿 할 때에도 이 할머니 이야기를 하더니만 그 말이 맞기는 맞는 모양이네…"

"키가 작고 얼굴이 둥근 할머니인데요!" 하며 모습을 설명했다.

사연인즉 집안에 할머니가 두 분 계셨는데 지금 그 분은 작은 할머니의 모습이라 믿지 않을 수가 없다. 시어머니 몸에 빙의(憑依)되어 있다가 육신이 없어지자 손자며느리에게로 옮겨왔던 것이다. 그 할머니 영(靈)도 같이 천도되었지만 시아버지 모습은 보이지 않았다. 짚이는 데가 있는 지라 내일 다시 남소장 사무실에서 만나기로 하고 자리에서 일어났다.

다음날 저녁 남소장 사무실에서 마른 명태도 준비하여 제사상답게 다시 제(祭)를 올린다. 평소 영적(靈的)인 데에는 부정적인 사고(思考)라 본인의 일이지만 별로 달갑지 않은 눈치다. 그러나 이번만은 부친의 천도제이니 경건하게 모셔야 된다며 주의를 요했다.
절을 2배반 올린 후 경건하게 부친을 부르도록 주문하였다.
"아버지! 아버지! 아버지!"하고 3번을 부른 후 묵상을 유도했다.
마침내 영혼이 모습을 드러낸다. 오른쪽 무릎이 크게 훼손된 장면이 보인다. 그리고 가슴에 새끼줄이 찍힌 바퀴자국 같은 화면이 선명히 드러났다.
영혼들은 천도 될 때 자신의 마지막 모습으로 의사를 소통하며 자기임을 암시한다. 이윽고 사고(事故) 당시의 놀라고 분한 험상궂은 모습에서 온화하고 평화로운 자태로 외양이 변화하면서 고맙다는 표시로 두 손을 합장하며 하늘나라로 간다.

화면의 장면을 설명하니
"가슴에 찍힌 그림은 타이어바퀴 자국이 아니고 핸들커버의 엠보싱입니다."
충돌 순간 핸들과 부딪치면서 그 충격으로 장파열로 운명하셨는데 핸들커버의 엠보싱 모양이 새끼를 꼰 형태였던 것이다.
이처럼 중음신(重陰神)이란 외계에서 온 다른 귀신이 아니라 대부분 일상의 가족들이다.수행을 해야 하는 이유가 바로 우리가 죽은 후에 이처럼 중음신이 되지 않기 위해서이다.

노후를 걱정하여 암 보험이나 생명보험을 들지만 죽음 뒤의 나의 영혼을 위해서는 모른 척 해도 되는 것일까? 죽음이 오면 그렇게 기다리던 성모마리아가 오지 않으면 어떻게 할 것이며 관세음보살이, 아미타불이 나타나지 않으면 얼마나 상심이 될까!
기복신앙이란 언제나 나의 복만 빌게 하고 내가족 내친척의 안위(安慰)뿐이다. 종교란 복음전파란 명제 아래 대부분 기복신앙을 부추기는 교세의 확장이 제일 큰 사업임을 부인하지는 못할 것이다. 기도나 염불로 자기 복(福)을 비는 기복신앙에서 탈피해 영혼을 승화시키는 수행으로 진일보해야 한다.

수행(修行)이란 진리(眞理)이며 동서고금의 경전에서 오는 삶의 정보(情報)이다

7) 대지를 방황하는 영(靈)

세상에는 임금들이 많이 있다. 나라에는 나랏일을 다스리는 인간의 왕(王)이 있고, 귀신에는 귀왕(鬼王)이 있고, 나무에는 목왕(木王)이 있고, 바다에는 용왕(龍王)이 있다.

이것을 세상의 주인이라고 해서 세주(世主)라 한다. 이 세상의 주인들은 각기 작은 깨달음을 가지고 있기에 주인으로 군림하지만 이것은 깨달음이기보다는 작은 신통(神通)에 불과하다.

대오(大悟)나 대각(大覺)은 부처님이나 예수님 외는 어떤 이를 불문하고 말할 자격이 없다. 흔히 평생을 참선으로 수행한 큰스님으로 존경받고 세계에서 제일가는 산부처(生佛)라고 칭송받는 그들이지만 빈 수레가 더욱 시끄럽다는 것과 오십보백보다.

법력(法力)이란 나이의 많고 적음과는 절대 비례할 수 없다. 물론 경륜은 남을 앞지를 수 있지만 맑음의 법력은 승납의 길고

짧음으로 나타나는 것은 아니다.

고승(高僧)이라고 존경받는 이들 중 진솔한 표현을 하는 분들이 가끔 있다. 겉으로 내색은 않지만 항시 부족함을 본인 스스로는 잘 알고 있음을 말한다. 그 분들 역시 이 세상에 깨달음을 주는 최고의 법문은 과연 무엇일까? 그러한 법문이 있기는 있는 걸까? 하고 조바심하며 60, 70세월 보냄을 못내 아쉬워한다.

혜안(慧眼)이 열린 스승은 읽고 있는 경전 속에서도 기록한 작가의 수행정도를 감지할 수가 있다. 그리고 현존하는 큰스님의 법문(法門)테이프 속 음성에서도 공부의 수준을 훤히 알 수 있는 것은 당연하다. 이 정도의 통찰력을 갖춰야 만이 비로소 어느 깨달음의 수준에 도달했다고 말할 수 있을 것이다.

만물의 원리가 큰 하나 안에 나누어지는 나툼(나타남)의 또 작은 하나이듯이 땅에도 각기 영역을 두고 주인이 있다. 혹자는 그 땅을 지키는 수호령이라 하지만 그것은 아래에서 위를 볼 때의 경우다. 고급수행자의 눈으로 위에서 아래로 볼 때는 인연이 닿기까지 잠깐 자리를 지키는 파수꾼에 불과하다. 흔히 고사를 지내는 행위 등은 지박령에게 올리는 인사나 찬사 정도로 생각하면 된다.

흉가나 터가 세다는 곳은 사업에 실패하여 패가망신하거나 사람이 죽어서 나가는 예(例)가 허다하다. 과학기기를 동원하여 조사해보면 그런 장소에서는 수맥을 발견하거나 혹은 자력(磁力)이 유별나게 많이 흐르는 곳으로 판명된다. 하지만 그 곳에는 대개 억울한 죽음을 당한 원한에 맺힌 영(靈)들이 기회를 기다리며 호시탐탐 노리고 있다.

도우(道友)께서 근교 산에 토굴을 장만하였다고 기별이 온지 오래되어도 한번 가 본다는 것이 여의치 않아 일년이 지난 어느 날 도우(道友)께서 직접 본회를 방문하였다. 학창시절에 검도를 같이 연마했을 뿐 아니라 체육관 검도부의 맏형과 막내사이로써 언제나 도움을 받았던 사이로 사제지간이나 다름없다.

작년 보다 좀 수척한 얼굴은 수행자로서 오히려 좋은 모습이지만 공부가 전혀 진척이 없다한다. 토굴에 문제가 있지 않나 걱정을 하는 듯 하다. 다른 분도 아니고 선배님의 청이라 거절할 수가 없어 만사를 제치고 동행하였다.

오솔길로 접어들자 옛적에 작은 암자가 있었다는 골짜기가 나타난다. 이름이 도둑골이라 불리는 곳으로 마을에서도 얼마 떨어지지 않았다. 소나무에 가려 전혀 골이 있음직하지 않는 지형인데 막상 토굴 앞에 당도하니 텃밭도 있고 너른 공터도 조성되어있어 공부(工夫)중 틈틈이 운동하기에도 좋은 위치였다.

녹차 밭도 잘 가꾸어져 있었다. 찻잎의 신록과 향기가 도인(道人)의 풍모와 잘 어울려 주인의 인품을 짐작케 하며 한쪽에 진열된 검도(劍道)용구는 어린시절 날 추억의 나래를 펼치게 한다. 검도사범시절의 겨울훈련은 너무나 혹독하였다. 지금은 아스라한 추억의 한 장이 되었지만 그 당시에는 견디기 힘든 고통의 시간들이었다.

동적(動的)훈련은 겨울 바다에서 북극곰 수영으로 극기 훈련과 근력을 단련시키고, 정적(靜的)인 수행은 눈으로 뒤덮인 산 정상에서 단전호흡으로 1-2시간씩을 미동도 없이 앉아있는 고행의 연속이었다.

체육관 관장이신 검도 선생님은 차력(借力)을 전문적으로 연마하신 분으로 무술의 달인이었지만 지금 생각하면 고신도(古神道) 수련과는 거리가 있었다. 그러나 단전호흡의 기초를 다져주신 공은 평생 잊을 수 없는 분이시다.

언젠가 체육관 행사가 있은 후 사범들을 모두 불러 앉히고 덕담을 나누던 중 "학부형으로부터 초대받은 식사에도 과분한 경비가 아니면 한 번은 본인이 지불할 수 있는 여유를 길러야 한다"며 젊은 사범들이 놓치기 쉬운 일상의 부분들을 다정하게 가르치던 음성이 지금도 귓가에 들리는 듯하다.

무술도 그 바탕은 남의 입장을 먼저 생각하는 역지사지(易地思之) 정신이 유별나다. 불행히도 우리고유의 수련법인 고신도(古神道)를 공부할 수 있는 행운을 가지지 못하셨지만 무술인으로서는 많은 인재들을 배출하셨다. 사라예보에서 세계를 재패한 우리 탁구계의 거목인 천영석 감독도 제자 분 중의 한 분이다.

정좌를 하고 선정에든지 얼마 후,
눈앞에 젊은 선비 차림의 영(靈)이 나무책상 위에 책을 펼친 채 물끄러미 쳐다보고 있다. 외모로는 특별히 지박령이라 느껴지지 않는데도 천도(遷度)되지 않고 십여 분이 지나도록 반듯이 앉아있다. 너무나 선명한 화면에 대체 무슨 사연이 있는 있는지 물어 보지 않을 수가 없다.
영(靈)과의 대화는 텔레파시로 전해지는데, 이곳의 지명이 도둑골이 아닌 도덕(道德)골이며 자기가 이 암자의 주인이었다는 얘기다.
끝내 높은 공부를 이루지는 못하였지만 인연 있는 이에게 나름대로 법을 전해 줄 수 있을까 해서 기다렸다는 사연이다.
법을 전(傳)하고자 몇 번이고 시행했는데(접신이 되고자 함)

이상하게도 어떤 다른 곳의 무형의 힘에 방해를 받아 가지도 오지도 못하였다며 그 이유를 오늘에야 비로소 알겠다는 것이다.

"선생님을 뵙고 나니 안심하고 가겠습니다." 칭찬인지 뭔지 모르겠지만 밝은 빛 만났을 때 갈길 가라고 종용하고 다시 삼매에 들어갔다.

수련을 마친 후 도우(道友)께서 "그 빙의령이 떠나고 나니까 가슴에 답답하게 맺힌 것이 풀어져서 중단전이 시원해졌다"며 감사의 말을 전한다.

8) 빙의령이여! 정체를 밝혀라

아버지와 할머니를 살해한 패륜아가 체포되었다. 일류 대학 출신의 아버지로부터 받아온 모멸감과 권위의식 때문에 전부터 죽이고 싶었다는 그의 진술은 우리를 슬프게 한다. 자식이 아비를 죽이는 현실이 어제오늘의 일이 아니다.

그 이유는 황금만능의 풍조에서 오는 인간성의 상실이며 자본주의의 맹점이기보다는 생명의 귀함을 경시한 임신중절 수술의 인과응보가 아닌가 생각된다.

인구의 과대한 팽창을 두려워 한 탓에 낙태 수술의 합법화를 추진하던 시절이 바로 엊그제다. 그 당시는 세계적인 추세로 카톨릭 교황청에서도 찬반양론이 있을 정도로 심각한 지경이었다. 다행히 로마 교황청의 불가(不可)하다는 현명한 의지로 마무리를 짓게 되었다.

임신중절은 한마디로 부모가 자식을 죽이는 살인 행위이다. 생명의 시작이 의학적으로 확정된 어느 시점이 무슨 문제이든가! 그것은 틀림없는 살인 행위이다.

등산길에 만나는 부인들은 대부분 중단전인 가슴에 어린이의 영(靈)이 빙의(憑依)되어 있다. 운동을 하거나 등산을 하면 본인도 모르게 의식이 집중되어 운기가 활발하게 되는 탓에 영(靈)의 모습이 뚜렷하게 나타난다.

일반적으로 부인들이 유별나게 더 아픈 까닭은 유산(流産)의 후유증에서 오는 경우가 허다하다. 특히 낙태경험이 많은 부인은 어린이의 영(靈)들이 주렁주렁 매달려 있어 평생을 괴롭힌다.

원한에 찬 빙의령(靈)이 육신에 자리를 잡으면 경혈과 경락을 서서히 막아 기혈(氣血)의 순환을 방해하게 된다. 그러면 기운이 쇠(衰)하여 이것저것 병이라고 이름 하는 온갖 질병들이 나타난다.

며칠 전 방문했던 카톨릭 신자인 부인의 경우에도 간경(肝經)의 기문혈에는 산월(産月)이 가까워 수술한 어린애 영혼과 또 초기에 지운 어린애의 영혼이 빙의(憑依)되어 있었다.

외모도 깔끔한 미인형의 부인이 두터운 안경너머로 넘겨보는 시선이 부자연스럽다. 시력에서부터 심장과 신장 결석까지 몸 구석구석 아프지 않는 곳이 없다고 하소연이다. 한쪽 눈의 시력은 영영 돌아오지 않아 보이지 않게 되었다. 신혼시절 사정이 여의치 못하여 애기를 몇 번 지운 탓이라며 죄책감보다는 수술 후유증으로만 생각하고 있었다.

불교의 윤회설과 카르마를 알아듣기 쉽게 설명하였다.

그러자 "성당에서 진행하는 '유산된 어린이를 위한 미사'에 기도와 미사예물을 빠짐없이 하였는데 그것은 효과가 없는 것입니까?"하며 되물어온다.

빙의령이란 전염병처럼 바깥의 오염에서 전염되는 것이 아니다. 전생이나 현생에서 맺은 원한이 시공을 초월하여 윤회하면서 본인에게만 따라다니는 카르마의 본체인 것이다.

불가(佛家)에서 육식을 금(禁)하는 이유가 아무리 하찮은 동물의 영(靈)이라도 자기 자신의 영혼의 등급을 떨어뜨린다고 정립되어 있기 때문이다.

정력을 위해 먹는 혐오식품의 동물령(動物靈)은 일반 가축에 비하여 악령의 파장이 높아 오랫동안 육신에 잔류하여 온갖 병을 일으키는 세균처럼 따라다닌다.

하물며 같은 인간의 원귀(冤鬼)는 그 방해하는 파장이 본인의 생명까지도 빼앗아 갈 수 있을 정도로 강하다.

영가천도란 법력이 출중한 맑음의 스승이라야만 비로소 가능한 것으로 제사를 지낸다거나 기도를 한다고 하여 문제가 해결되는 것이 아니다. 중절수술로 인하여 건강이 악화된 부인은 애기들의 영혼을 천도시킴으로서 마음의 멍에에서 벗어나고 건강도 따라서 좋아질 수 있다. 건강이 좋아진다는 사실은 빙의령이 천도되었음을 말하는 것이다.

그러나 습기 찬 곳에 곰팡이가 자라듯 언제나 양명한 햇빛과 바람이 항시 필요하다. 기복(祈福)의 신앙보다 원인의 제공자가 되지 않도록 생명을 중시하는 사랑과 자비가 생활 속에 깃들어져야 할 것이다.

자동차 운전자들은 야생동물이 차에 부딪혀 죽으면 기분이 매우 씁쓸하다.

본회 사범이 한 시골의 공사 현장에서 근무하던 중 자동차 사고가 생겼다. 다행히 인명 피해는 없었지만 자동차는 반(半)파되어 폐차장 행(行)이라 한다. 정말 불행(不幸)중의 다행이었다.

사범과 전화 통화하는 중에 날짐승의 모습이 영안(靈眼)으로 보인다. 점점 화면이 뚜렷해진다.

"방금 날짐승의 영(靈)이 천도되었는데 이번 사고하고 관련이 있는가?" 하고 물었다.

사범이 후다닥 놀라며 말을 더듬거린다.

"예! 예! 예! 깜빡 잊고 있었습니다. 약 한달 전 사고지점에서 얼마 떨어지지 않는 곳에서 꿩을 치었던 일이 있었습니다. 비상(飛上)하려는 꿩이 달리는 자동차 앞면 유리창과 부딪치면서 땅에 내동댕이쳐진 일이 있었습니다.

당시에 꿩이 죽었는지 살았는지를 확인 못했지만 기분이 썩 좋지 않았습니다. 스승님께 전화한다는 것을 깜빡했는데 그때 꿩의 영(靈)이 해코지 한 것 같습니다. 다시 한번 천도를 부탁드리겠습니다."하며 뒷말을 흐린다.

이처럼 빙의령은 내 육신의 몸에 붙어 건강을 해쳐 고생스럽게 만들거나 또 사업상이나 집안에 우환을 일으켜 불행을 불러오지만 그것은 내가 저지른 업(業)이며 죄의 씨앗이다.

성서(聖書)의 '뿌린 대로 거두리라'는 인과응보(因果應報)의 법칙을 말씀하는 것이다.

9) 나 아닌 나 – 접신(接神)

정신과 병원에서는 노이로제 환자와 정신병자를 구분할 때 본인이 정신적으로 문제가 있다고 인정하는 환자는 노이로제요, 자신이 전혀 문제가 없다고 떼쓰는 이는 정신병자로 분류한다.

노이로제는 본인의 의식으로 자신의 심신장애를 알 수 있지만 정신병자는 생각하는 두뇌의 기능을 누군가에게 전체적으로 장악 당함으로써 자신의 몸에 일어나고 있는 이상(異狀)을 전혀 알지 못한다.

노이로제는 부분적인 정신(精神)장애를 일으키는 현상이다.

마음이 유약하거나 스트레스에 의하여 개개인 누구에게나 나타날 수 있는 질환이다.

그러나 정신병은 마귀(魔鬼)가 가슴의 심장부에 근거를 두고서 생명의 안전장치인 두뇌의 경혈을 모조리 막아 성령의 출입을 아예 한 치도 들어오지 못하게 봉쇄한다.

접신(接神)은 성령을 제일 두려워하는 까닭에 성령과의 연대관계를 끊는 것을 최우선 과제로 둔다. 그리하여 성령이 출입하는 경혈(經穴)이며 성령의 통로인 경락(經絡)을 제일 먼저 막아 일단은 자기의 영역을 철저하게 확보해 둔다.

악령(惡靈)은 경혈을 막아 무당짓거리를 하게 만든다. 그러나 성령(聖靈)은 대우주 에너지와의 소통을 용이하게 하도록 경혈을 열어서 자연치유력을 높인다.

초자연계는 눈에 보이지 않는 까닭으로 일반인들은 성령과 악령을 구별하기가 힘들어 자칫 길을 잘못 들어 낭패를 보는 수가 허다하다.

혜안(慧眼)이 열린 수행자만이 구분할 수가 있다. 그 비결은 성령의 출입문인 경혈의 열림과 닫힘을 보고 상대방의 에너지를 판단할 수 있기 때문이다.

정보(情報)의 홍수 속에 있는 현대인들이 여과 없이 들어오는 서구의 명상기법에 현혹되어 접신이 되는 경우도 허다하다. 중세유럽 마왕(魔王)의 기법으로 지목되어 화형(火刑)으로 다스려졌던 수행법이 그들이다.

허나 오늘날, 서구의 명상기법으로 화려하게 가면을 쓰고 국내에 침투하여 만연되고 있는 실정이다.

경혈(經穴)이론을 진부(陳腐)한 것으로 취급하여 뒷전에다 미루어놓고 접신의 짓거리에 놀아나고 있는 것이 오늘의 도계(道界)이다. 한의학의 원류이며 인체의 안전장치인 경혈(經穴)이론은 질병의 예방과 치료는 물론이고 소중한 하늘의 이치인 진리의 원천임을 잊어서는 안 된다.

무당은 본인들이 신(神)의 힘을 빌어 능력을 발휘한다며 공개적으로 언급하지만 수행을 가장한 사법(邪法)들은 일반인을 자신도 모르게 저급의 영(靈)에 접신 되게 한다.

접신이 되는 경우는 크게 세 가지의 유형으로 나눌 수가 있다.

첫째는 무당의 경우이다. 산(山)기도나 신(神)내림으로 접신(接神)이 되어 신(神)의 대리인으로 자처(自處)한다.

둘째는 전생의 카르마에 의하여 선천적으로 정신적인 이상을 가져오는 경우이다.

셋째는 잘못된 수행으로 본인이 화(禍)를 자초한 경우이다.

전생의 카르마에 의하여 선천적으로 정신적인 이상을 가져오는 경우를 다음과 같은 경험의 일례로 전하고자 한다.

30세의 처녀 환자다. 중학교 시절 어느 날인가부터 정신적인 장애로 온갖 치료를 동원하였지만 현대 의학으로는 불가능하다고 포기한 상태였다. 그래도 부모의 심정이라 미련이 남아 전국에 유명하다는 도인들을 수소문하는 정성에 저자와 인연이 닿게 되었다.

환자와 앉자마자 처녀애의 접신 영(靈)이 몸을 두 개 세 개로 나누면서 자신의 능력을 과시하며 겁을 준다.

"이래도 뭐, 날 어떻게 하겠다고!" 하며 분신술을 자랑하면서 어둠의 그늘로 몸을 숨긴다.

그 날은 그렇게 하여 끝났다.

며칠 후 다시 환자와 마주앉아 명상을 유도했다.

드디어 선정(禪定)에서 환자의 몸을 영안(靈眼)으로 들여다보게 된다.

두정(頭頂)에 있는 백회혈은 귀신들이 왕래를 쉽게 하도록 양쪽으로 열릴 수 있게 두 개의 문으로 만들어 사용하고 있었다.

그런데 너무 자주 들락날락한 탓에 한쪽 문이 아래로 축 쳐져 아예 고장(故障)이 나서 어떤 귀신이라도 편하게 들어올 수 있도록 논스톱이다.

마치 집 대문이 고장 나서 문을 닫아놓지 못하면 길을 가던 어떤 각설이라도 기웃거리는 것처럼 저급령들이 무시로 드나들고 있었다.

정신병자들이 가끔씩 온전한 정신으로 돌아 올 수 있는 까닭은 그래도 육신의 안전장치가 때때로 가동하기 때문이다.

그런데 이렇게 백회(숨구멍)가 막무가내로 고장이 나있으면 온전한 정신이 돌아오기란 쉽지 않다.

지저분한 마구니 장치를 떼어내고 백회(百會)를 깨끗이 정리한 뒤 접신의 영(靈)에게 천도될 것을 지시한다.

"아미타불(光)이 도움을 주실 때 떠나겠습니다. 도사님!"하고
선 다소곳한 자세로 천도된다.

그런데 이게 무슨 광경인가!

대장(大將)영(靈)이 앞장을 서며 나가는데 뒤에는 졸자 수십
명이 트럭 몇 대분의 이삿짐을 나른다. 하긴 몇 십 년 동안 육체
를 내 집인 양 점거하고 있었으니 당연한 것이 아니겠는가….

이윽고 영(靈)들이 천도된 후 가슴에 지어놓은 접신(接神)의
구조물까지 말끔히 치워 버렸다. 그 날은 그것으로 저급영들의
천도가 순조롭게 진행되었다.

보름이 지난 후 환자의 아버지로부터 급한 전화가 왔다.

"선생님이 다녀가신 후 너무너무 편안하였는데 어제부터 또
증상이 시작되는 것 같습니다. 어려우시겠지만 자녀 키우는 애
비의 정성으로 한번 더 부탁을 드리겠습니다"며 통사정이다.

어렵게 시간을 만들어 환자를 방문하니 아니나 다를까 증상이
또 나타나 있었다.

물론 접신의 경우 한두 번의 천도(遷度)만으로는 정신병이 완
치되지는 않는다. 습기 찬 곳에 곰팡이가 생기듯이 오랜 시간 동
안 영매의 파장이 존속하였던 탓에 지속적인 성령(聖靈)의 인도

없이는 불가능하다.

다시 선정(禪定)에 몰입하여 파장을 맞춘 후 누군가를 찾아본다.

빙의령(靈)의 모습이 흐릿하게 보인다.

'그런데 이게 뭐냐? 허수아비의 영(靈)이 아닌가!'

환자의 마음이 허수아비 영(靈)을 그려놓고 같이 놀고 있었다. 구조물 역시도 그대로 그려놓았다.

"지금까지 너를 괴롭히던 녀석들인데 뭐가 그렇게 보고 싶고, 놀고 싶을까? 너의 아버지가 가엾지도 않느냐?"하고 한심한 생각이 순간 떠오른다.

이때 어디에선가 텔레파시가 전해온다.

저자(著者) 혼자의 생각이었는데 어느 사이 텔레파시가 되어 교감이 시작된다. 정말 놀라운 일이다….

사연인즉 '자기는 원래 천상의 선녀 우두머리인 선녀장(仙女長)이고 그 애들(접신의 영)은 선녀였다나, 천상에서 잘못을 저질러 그들이 하늘의 감옥(獄)에 갇혀 있을 때 자기가 그들에게 약속하기를 "끝까지 너희들을 지켜 주겠노라"고 했다한다.

그래서 그 약속을 지키기 위해서입니다. 도사(道士)님께서는 관여하지 마세요' 라고.

영(靈)의 세계에서는 너무나 엉뚱한 사연들이 존재한다. 저자 역시 믿을 수도 없고 그렇다고 안 믿을 수도 없지만 답(答)은 오직 하나 뿐이다.

일체유위법은 몽환포영의 허상(虛想)이다.

"무릇 있는바 모든 현상은 다 허망한 것이니 만약 모든 현상이 진실상이 아닌 줄을 보면 곧 여래를 보느니라." -금강경-

여래란 곧 하느님이며 성령을 말하는 것이다. 성령이란 성스러운 하늘의 기운이다. 오직 선도수련을 통해서만이 고급의 기(氣)인 빛과 소리를 증득할 수 있다.

10) 죽음을 불러 온 기공수련

초자연계의 에너지는 물과 같아서 소가 마시면 우유가 되어 영양분이 되고, 뱀이 먹으면 독이 되어 사람을 해친다.

깨달음의 법력은 하느님의 사랑이며, 부처님의 자비이지만 이것과는 반대로 초능력이나 신통(神通)은 언제나 마왕이 관여하며 그의 손아귀에서 벗어날 수가 없다.

자연의 법칙에 어긋나는 초능력은 그것이 장난(고교생들의 분신사바 등)이든 혹은 수행의 탈을 쓰고 있든지 간에 초능력에 대한 호기심이나 신비에 빠지면 그 뒷면에는 언제나 마구니가 따라다닌다.

불교나 기독교에서 단전호흡이나 타 종교의 수행기법을 금기시 하는 이유가 정신이상으로 찾아오는 환자의 대부분이 그것들로 인해 오는 경우가 허다하기 때문이다.

기독교의 나 이외의 신을 믿지 말라는 유일신(唯一神)사상은 중생을 영적인 장애로부터 보호하기 위한 사랑의 방편인 듯하다. 조상의 제사조차도 영(靈)의 존재로 여기는 탓에 고유의 풍속조차 거부하는 자세는 다른 이들로부터 지탄의 대상이 되기도 한다. 하지만 초자연계의 입장에서 보면 충분히 이해할 수도 있는 일이다.

인체의 경혈은 신경세포와 같다. 신경이 없으면 육신을 영위할 수 없듯이 경혈은 눈에 보이지 않는 신경이며 인체의 안전장치이다. 육신의 안전장치인 경혈을 통하여 유입되는 하늘의 기운으로 인간은 자연 수(壽)를 누릴 수 있다.

그러나 잘못된 수행기법으로 마구니의 에너지를 받아들이면 경혈(經穴)이 막힘과 동시에 사고력(思考力)이 저하되어 맹신으로 전락하고 만다.

예를 들면 짧은 시간에도 깨달음을 줄 수 있는 '이 도법(道法)'과 '저 스승'이야말로 인생을 걸 수 있다는 믿음(?)이 솟을 때 바로 맹신의 족쇄를 차게 된다.

철학이 신학과 같은 선상에 있으면서도 전혀 다르다. 그 이유는 신학은 무조건적으로 믿어야 하지만 철학은 무조건 의심해야 하는 까닭이다.

사유(思惟)의 부정은 최면술이나 맹신에서 벗어 날수 있다. 그러나 사도(邪道)의 기법을 순응하거나 인정하게 되면 그 순간 마구니가 내 육신을 차지하여 접신(接神)이 된다.

그러면 인체의 뇌(腦)가 속한 상단전의 경혈들을 모두 막아버린다. 언뜻 보기에는 마음의 평화를 얻어 그 덕분에 건강도 좋아지는 것 같아 새로운 인생을 사는 보람에 날아갈 것 같다. 허지만 그것은 자기최면에 불과하다.

이것은 마치 진통제나 마약 복용 후에 느끼는 편안함같이 느껴질 따름이다. 악령의 뿌리는 육신의 정기(精氣)를 소모시켜 서서히 두뇌의 이상을 일으키며 결국 죽음으로 몰아간다.

잘못된 수행으로 화(禍)를 자초한 경우의 경험을 다음의 예를 통해 찾아볼 수 있다.

아시아올림픽조직위의 사무총장으로부터 소개받은 해운대 세무서 박서장은 공무원세계에서는 최고로 존경받는 기공(氣功)의 대가였다. 기공수련 첫날부터 기(氣)를 느낄 수 있도록 하는 현직세무서장의 능력에 공직(公職)에 있는 많은 분들이 수행을 지도(指導)받고 있었다.

첫 대면은 서장실이었다.

머리가 희끗희끗한 분이었지만 안광은 유별나다.

녹차를 마시면서 수행의 동기와 그간 어려웠던 시간에 대해 얘기를 나누었다.

그동안 7-8년간의 기공수련으로 잃었던 건강을 되찾았고 초자연계의 신비함에 혀를 내 둘렀다는 요지의 말씀에 뭐라고 대꾸할 말을 잃었다.

정말 어이없는 고급령이 접신(接神)되어있어 본인은 물론 스승이라는 작자의 무용담은 무당의 바로 그것이었다. 그런 와중에 자신의 두통증상을 저자에게 토론하기에는 힘들 것 같아 자리에서 일어 설려니 다시 말문을 연다.

"내 기운이 어떠세요? 요즘 들어 자주 두통이 나서 업무를 보기가 힘들 정도인데 웬 일인가요? 기(氣)적으로 무슨 잘못된 부분이라도 있습니까?"

그러나 처음 만나는 자리라 터놓고 얘기하기가 힘들었다.

"김 선생님처럼 맑은 기운을 난생처음 느껴본다"는 박서장의 말을 뒤로하면서 다음을 기약하고 자리에서 일어섰다.

사법(邪法)의 기운을 불러들인 잘못된 수행은 상단전인 두뇌의 경혈들을 전부 막아 맹신을 유도한다. 흐르지 못하는 웅덩이의 고인 물이 썩듯이 두뇌의 경혈들이 막히면 뇌질환이 발생한다. 자연의 흐름이 단절되면 시간이 흘러 지남에 따라 악취가 진동하는 것이 두통의 현상으로 나타난다.

잠깐 동안의 대화였지만 저자가 느낄 수 있는 통증의 크기는 증상의 심각성을 예견할 수 있었다.

그 후 몇 번의 만남에서 음(陰)공부의 문제점을 설명하였다.

음(陰)공부란 처음에는 빠른 감응이 있어 수행의 재미를 높인다. 하지만 종국에는 접신(接神)이 되어 신체상으로 심각한 위해(危害)를 야기 시킬 수 있음을 상기시켰다.

음(陰)공부에 깊이 빠져들면 마침내 두뇌의 경혈들이 전부 막혀 두통이 오게 되는데 이것이 바로 접신이다.

접신(接神)을 수긍하고 내림을 받으면 하수인으로서의 역할을 맡게 되고 또 영(靈)이 지시하는 대로 따르면 당장은 별스런 문제가 없다. 그러나 그렇지 않은 경우에는 재산이나 건강을 치게 되어있다.

접신이 된 자(者)와 전화 통화를 하거나 같이 있기만 해도 수행자는 불편하다. 마치 몸에 꽉 낀 불편한 옷을 입은 것처럼 갑갑함이 전해져와 자리를 피하고 싶다.

허나 만날 때마다 언제나 최고의 칭찬을 아끼지 않는 덕분에 식사 초대를 거절할 수가 없어 가끔 응했지만 되도록 피하였다. 결국 자신의 고정관념에서 헤어 나오지를 못하니 더 이상의 만남을 가질 필요가 없었다.

그 후 뇌종양으로 입원했다는 소식에 시간을 내어 문병하였다. 허나 본인 사고(思考)의 전환이 없이는 접신(接神)된 영(靈)을 치료하기에는 불가능한 일이다. 두 번의 뇌(腦)수술이후 결국 사망하였다는 소식이 전해져 왔다. 안타까운 마음을 금할 길이 없었다.

접신(接神)을 유도하는 음(陰)공부는 초기에는 빠른 감응이 있다. 수련 초기에 몸을 지상에서 앉은 채로 펄떡펄떡 뛰기도 하고, 의식과 관계없이 부르르 떨기도하여 기(氣)의 느낌을 확실하게 한다. 고질이 된 만성병도 잠깐 동안 호전되기도 하여 마치 진정한 도법을 만난 것 같이 흥분되어 전적으로 믿게 된다.

그러면 마구니의 하수인은 "당신은 훌륭한 도법을 전수 받아 부처가 되었으니 밖으로 나가 가르침을 펴시오!" 하며 부추기기 시작한다.

우리들은 주위에서 소위 스승이라는 착각도사를 많이 만나게 된다.

그들 역시 사람들에게 어떠한 감응은 줄 수 있다. 몸이 튀어 오르지 않으면 적어도 몸이 요동치도록 할 수 있다. 그리고 온갖 무드라(기무)를 취하는 자발동공도 보여준다. 그러나 7-8년의 시간이 흘러가면 어느새 마구니는 인체의 안전장치인 두뇌경혈을 모조리 막아 마침내 생명을 앗아간다.

80년도에 세상을 풍미하던 착각도사들은 대부분이 병마에 시달려 투병 중이거나 사망하였다. 현재에도 한참 인기를 얻고 있는 음(陰)공부의 대표 격인 모 수련단체의 자기최면 기법은 십년의 시간이 지난 후 모두 땅을 치고 후회 할 것이다.

다시 한번 이 기회를 빌어 박서장님의 명복을 빈다.

3장. 인체와 영(靈)

3장. 인체와 영(靈)

불교에서는 우리를 포함한 모든 이들을 중생이라고 부른
다. 중생이란 인간은 물론 모든 생명을 의미한다. 금강경(金剛
經)은 이 생명의 종류를 아홉 가지로 나누고 있다.

첫째는 유색신(有色身)으로 육신을 가진 생명을 총징한다.
색(色)이란 육신을 의미하고 인간이나 동, 식물 등 모습이 있
는 모든 것이다.

둘째는 무색신(無色身)이다. 육신이 없는 생명이다.
영혼이나 귀신이 이에 해당한다. 이 생명 역시 무수히 존재하
고 있다.

셋째는 생각이 있는 생명, 유상신(有相身)이다.

몸이 바늘에 찔리면 따끔하며 아프고, 불에 데면 뜨거운 것을 느끼는 것은 우리에게 바로 이 생각이 있기 때문이다. 이렇게 감각을 느끼는 생명을 유상신이라고 한다.

넷째는 무상신(無相身)으로 생각이 없는 생명이다.

나무나 풀은 몸에 상처를 내도 모른다. 우리 몸의 손톱, 발톱, 머리카락은 잘라내어도 아프지 않다. 이처럼 감각은 있으되 생각이 없는 생명이다.

다섯째는 생각이 있는 것도, 없는 것도 아닌 그런 생명을 가리키는 말로 비상비비상신(非想非非想身)이 있다.

이러한 다섯가지 종류의 생명에다가 태어나는 과정에 따라 분류한 네 가지 생명이 또 있다. 태생(胎生), 난생(卵生), 습생(濕生), 화생(化生)이 그들이다.

우리 인간생명의 공간은 자로 재면 여섯 자 정도요, 시간적으로는 7,80년에 불과한 것이다. 그러나 생명의 존재는 '횡편시방(橫偏十方)이요, 수궁삼제(竪窮三際)' 라는 말과 같이 공간적으로는 시방에 가득 찼고, 시간적으로는 과거, 현재, 미래가 끝이 없는 것이다.

1) 빙의령(憑依靈)이여, 그대는 어디서 오는 길인가?

변호사 모임에서 기공(氣功)을 지도하던 당시, 저자를 찾아오던 이들 중 유난히 까다로운 질문을 하던 변호사가 기억난다.

기공(氣功)으로 병을 진단한다는 소문에 도(道)에 관심이 있는 분들 못지않게 건강이 좋지 않던 분들도 가끔 방문하였다.

간혹 이 분들 중에서는 "M.R.I보다 먼저 병을 진단할 수 있는 능력이라면 현대의학을 능가하는 어마어마한 초능력인데, 유명(有名)도가 지금의 정도가 아니라 세계적인 기인(奇人)으로 대접받아야 하지 않겠느냐?"며 비아냥거리는 말투로 얘기하는 분도 있어 저자를 당혹하게도 하였다.

허지만 이러한 진단능력은 고신도(古神道) 수행의 중간단계인 대주천수행자이면 누구나 가질 수 있는 것으로 무슨 특별한 초능력이라고 말하기란 뭐하다.

고신도 수련의 기초인 단전호흡을 계속하다 보면 처음에는 기

(氣)를 느끼게 되고 수행이 진행될수록 맑아진다. 그러면 초능력이 자연스럽게 나타나는 과정을 거치게 된다. 그러나 그러한 능력은 수행과정에서 일어나는 현상일 뿐 궁극적인 목적은 물론 아니다.

대주천수행자는 상대방의 아픈 부위를 일목으로 느낄 수 있고 또 기공치료가 가능해진다.

예를 들면 인체의 간은 침묵의 장기(臟器)로 간경화가 70%-80%가 진행이 되어도 증상이나 통증이 나타나지 않지만, 그렇게 되기 전에 벌써 수행자는 증상을 발견할 수가 있다.

수행자의 청정(淸淨)은 마주 앉거나 혹은 멀리 떨어진 외국에서의 전화 통화에서도 상대방의 기운(氣運)을 정확하게 감지할 수 있다.

상대의 5장6부 기운(氣運)의 흐름이 순조로우면 편안한 느낌이 전해지고 반대로 기운(氣運)의 흐름에 장애가 생기면 경혈이 막힌 장기(臟器)의 부분이 답답하게 느껴진다. 그래서 병의 진행과정을 단번에 알 수 있다.

약하게 막혀 있으면 약하게, 깊이 막혀 있으면 질병의 심각성과 함께 짙게 느낌이 온다. 영안(靈眼)이 열린 수행자는 그 장기의 상태를 형상이나 색깔로도 볼 수 있다.

이와 같은 현상을 수행의 용어로는 자타일여(自他一如)라 하며, 남과 내가 하나라는 의미를 실감케 한다.

'이웃을 내 몸처럼 사랑하라' 는 성서(聖書)의 말씀이 예사롭지가 않다.

다시 말해 남이 나와 다르지 않다는 이웃사랑을 육신(肉身)의 느낌과 체험으로 알 수 있는 현상이다. 마치 깨끗하게 닦인 거울과 같아 상대의 건강상태가 그대로 반사되어 나타나는 것이다.

불경에서도 이와 같은 신통을 수행의 과위(果位)로 게송으로 노래하고 있다.

　　　법화경을 수지(收支)한 이(人) 그 몸이 청정(淸淨)하여

　　　맑고 깨끗한 유리 같아 중생(衆生)이 보고 기뻐하리

　　　깨끗하고 맑은 거울 여러 색상(色相) 비치듯이

　　　청정한 보살(菩薩) 몸에서 세상 것을 다 보리니

　　　홀로 스스로 밝게 알 뿐 다른 사람은 못 보느니라.

　　　삼천(三天) 세계 가운데 일체의 모든 중생

　　　하늘. 인간. 아수라. 지옥. 아귀. 축생의

이러한 여러 색상(色相) 그 몸에 나타나며

하늘 궁전 유정천(有頂天)과 철위산(鐵圍山)과 수미산 큰 바다

그 몸 안에 나타나며

부처들과 성문(聲聞)들과 불자(佛者)와 보살(菩薩)들이

혹은 홀로 혹은 대중(大衆)에서 나타나며

무루(無漏)법성(法性) 미묘한 몸 비록 얻지 못했으나

청정(淸淨)한 그 몸 안에 일체(一切)가 나타나느니라.

- 법화경 말미에서 -

　우리는 흔히 빙의령이라면 무속인과 그 주변인사들과 연관된 것으로 생각할 수 있다. 그러나 빙의령은 악령의 파장 외에 우리 몸의 건강상태와도 직접적인 관계를 가지고 있다. 건강하다는 것은 우리 몸에 순(順)기능의 에너지가 충만 할 때이고, 질병은 역기능을 일으키는 악(惡)의 에너지가 발생할 때이다.

　영적(靈的)으로 표현을 하면 질병이 생기면 빙의(憑依)가 되고, 영(靈)이 빙의(憑依) 되면 질병이 생긴다. 빙의령은 역기능의 에너지로써 경혈을 막아 기혈(氣血)의 순환을 방해한다. 그리고 시간이 갈수록 자리를 넓게 잡아 육신의 깊은 곳으로 뿌리를 내린다. 그리하여 만성병이나 불치의 상황을 일으켜 마지막에는 생명까지 앗아간다.

한의학에서 침이나 약초로 질병을 치료하는 주(主)된 치료점은 막힌 경혈을 열어 기혈(氣血)의 순환을 정상으로 되돌리는데 있다. 침술은 경혈을 열어 대우주의 자연치유력을 증대시키고, 탕(湯)이라 불리는 복합 약초의 처방은 땅의 기운인 지기(地氣)를 보충하여 질병으로 막힌 경혈을 열 수 있도록 유도한다.

막힌 경혈을 열려면 경혈을 막고 있는 역기능의 에너지에 상당하거나 그이상의 순기능인 성령(聖靈)의 에너지가 필요하다.

빙의(憑依)가 되는 이유를 대별하면 선천적인 것과 후천적인 것으로 나눌 수 있다.

선천적인 경우는 수많은 윤회에서 나타난 전생의 카르마이며 모든 빙의령의 근원이 된다.

그리고 후천적인 경우는 어린이가 성인(成人)으로 성장하면서 생기는 자기중심의 에고(ego) 즉 탐.진.치(욕심.성냄.어리석음)로 인한 것이 그 대표적인 사례이다.

현실에서 육신을 보존하기 위해서는 탐.진.치가 필수이다. 더구나 명예와 권력에 대한 욕심, 그리고 종족보존의 본능이 인간을 마왕의 손아귀에서 벗어나지 못하게 하는 필요악(必要惡)의 족쇄인 것이다.

이것 외에도 초자연계에 대한 막연한 동경이 본인도 모르게 마구니의 놀음에 놀아나는 결과를 가져와 빙의령을 불러들인다.

불확실한 시대에 살고 있는 현대인들에게는 오직 육신의 안위가 지상과제이다. 그리하여정신적으로는 항상 불안한 상태에 있어서 유별나게 점성술이나 미신에 의지하는 이가 의외로 많다.

미신이 사회에 만연해서는 안 되는 이유가 미신에 의지하면 초기에는 재수(財壽)나 복(福)이 오는 것 같이 여겨지나 결국에는 사악한 영(靈)을 불러들여 장애를 증폭시킬 뿐이다. 재수(財壽)나 복(福)은 본인의 전생의 선과(善果)에 의한 복덕이지 귀신을 신봉하고 의지한다 해서 절대로 오지 않는다.

무당의 신통은 귀신을 볼 수 있다는 것뿐이지 귀신을 결코 어떻게 처리할 수는 없다. 무당이 부자가 되지 않으며 절대로 장수하지 못한다.
오히려 영(靈)이란 무엇이며 어떤 존재인지를 제대로 인식하고 그 대처방안을 찾아보면 우리 곁에는 불보살의 화신인 성령(聖靈)의 돌보심이 항상 지키고 있을 것이다.

2) 전생(前生)여행

(1) 변호사로 사는 중국의 황제

평소에도 늘 근엄한 표정으로 지내는 홍 변호사는 시력이 매우 좋지 않다. 예민한 성격 탓에 만성위장병과 대장염에 시달려 피로를 빨리 느끼는 체질이다. 또한 통풍(痛風)의 병력이 있어서 항상 건강에 유의하며 기공(氣功)에도 관심이 많아 국내 유명도인(有名道人)들과 교류를 하고 있었다.

한번은 초대된 회식자리에서의 일이었다.

국내최고의 도사(道師)라는 과분한 저자 소개에 그는 다음과 같은 일침을 가하였다.

"도사(道師)어른! 기공(氣功)은 구라가 많다 아이요?"

대중이 많은 자리에서 나온 질문이라 대답하지 않을 수 없어 정색하여 답하였다.

"제게 100일만 시간을 주세요. 변호사님이 믿도록 해드리겠습니다."

이렇게 하여 교류가 시작되었다. 현직에 있을 때 국선도를 몇 해 수련한 경험이 있기에 따라오기가 힘들 것 같았지만(백지에 글씨 쓰기가 더 쉬운 것처럼 타 수행법은 고신도 수련에 도움이 되지 않는다) 마음을 비운 탓에 1개월 만에 축기를 완성하고 소주천을 마쳤다.

더군다나 본가(本家)가 서울에 있어서 주중에는 혼자 부산에서 생활을 하니 수행이 생활화되어 불과 2개월 만에 백회(百會)를 개혈하였다.

주(週) 2회의 개인지도로 10년의 공력을 앞지를 수 있다는 희망에 부응하여 대주천수련도 일취월장이다.

몇 년 전부터 앓아온 발바닥의 근막염이 감쪽같이 사라졌다.

실내에서도 슬리퍼를 신지 않으면 통증이 느껴져 보행이 불가할 정도로 발바닥에 기분 나쁘게 둔통이 있어 종합병원에서도 수차 치료를 받았었다. 치료 한 당일은 조금 수월한 것 같은데 시간이 지나면 별로 호전되는 기색이 없다보니 담당의사는 수술을 권유하였다. 그러나 그렇게 심하지 않은 탓에 그냥 견디고 지냈지만 불편하기가 짝이 없었다 한다.

수행 이후로는 맨발로 걷는데도 아무런 문제가 없을 뿐 아니라 수행이 진척될수록 온몸에 기운이 감돌면서 피로가 사라지니 활기가 돈다. 내친 김에 병의 뿌리를 뽑아야 하는데 명상을 강조한다고 불만이다. 수행이 깊어갈수록 관(觀)이 긴밀하게 잡혀 기운이 강렬하게 증폭되면 자연적으로 치료가 된다는 설명에 긴가

민가한다.

　관법이 자리 잡혀 정착이 될 무렵 갈비뼈 밑의 답답함을 호소해 온다. 몸의 부분에서 일어나는 답답함이나 맺힌 부위는 수련 전부터 가지고 있었던 카르마의 현상으로 심신의 청정(淸淨)에서 오는 병소의 뿌리이며 또한 수행(修行)의 과위(果位)이다.

　깨달음이란 맨 먼저 맑음에서 나타나는 정견(正見)의 인식이다. 청정이 되면 카르마의 본체인 빙의령을 인지하게 된다. 묘촉(妙觸)이란 몸에 느껴지는 답답함이나 맺힘이다.

　갈비뼈 밑으로 전해오는 둔통을 관(觀)하며 삼매에 들어간다.

　갈비뼈 밑의 기문, 일월혈은 간담의 모혈(募穴)로써 간에 해당하는 눈, 편두통, 부인병, 근육통, 피로감에 문제가 있으면 그곳의 혈(穴)이 막히게 된다. 그리고 통풍(痛風)은 뇨산이 배출되지 않아 일어나는 질병으로 그 고통은 대단하다. 현대인의 기름진 음식의 상용과 잦은 술 접대문화로 생기는 질환으로서 간의 경락선상에 발생하는 것으로 보아 이것 역시 간(肝)이 원인인 듯하다.

　시력이 유별나게 나쁘면 간장의 장애가 있음을 알 수 있다. 간(肝)의 기능이 저하되면 간장은 느낌은 나타나지 않지만 위장 장

애가 반드시 생긴다. 위장에 문제가 있으면 십이지장과 대장에
도 문제가 생긴다. 그러나 실제로 병의 원인은 간(肝)의 혈(穴)에
뿌리를 두고 경혈을 막고 있는 집단 빙의령 때문이다.

기(氣)수련은 축기를 하는 의미와 함께 기운을 맑게 하여 빙의
령의 존재를 인식하고 나아가 영가천도 능력을 기르는데 일차적
인 목적이 있다. 소주천, 대주천수련이 필요한 것은 집중의 밀도
인 관법(觀法)을 완성시켜 나가는 현상의 바로메타이지 그 용어
자체가 수행의 목표는 아니다. 다시 말해 임,독맥의 유주를 소주
천이라 이름 하였을 뿐인 이름이기 때문이다.

관법의 완성은 영가(靈駕)를 천도할 수 있는 신통(神通)으로 마
음이 여여(如如)하여 '움직임이 없는 마음'에서 얻어지는 지혜이
다. 단전호흡을 통하여 일심(一心)에 들어가면 기운이 육신을 맑
게 하여 의식의 흐름에 걸림이 없다. 그러나 경혈이 막힌 장기에
는 의식의 거북함이 느껴져 관(觀)이 자연스럽게 된다. 심생종기
(心生從氣)가 바로 그것이다. 나아가 무심의 관법(觀法)이 영적인
화면을 보이게 한다. 이것은 마치 거울의 먼지를 닦아냄으로서
상대의 모습이 보이는 것과 같이 빙의령의 모습이 드러난다.

'엄청난 대군의 무리가 거센 강물에 휩쓸려 내려가며 아비규

환의 소용돌이가 휘몰아친다. 집체만한 파도에 창칼로 무장한 병사들이 떠내려간다. 말을 탄 장수며, 군량미를 실은 우마차며 전장의 장비들이 가릴 것 없이 모조리 떠내려간다.

감쪽같이 막아놓았던 강(江)둑을 적진(敵陣)에서 갑자기 틔운 탓에 수위(水位)가 순식간에 산더미같이 높아졌다.

성난 물길에 행군을 계속하던 병사들을 종잇장처럼 물살에 휘둘려 쓸려가고 겨우 말머리만 보인다. 이미 강을 건넌 군사는 매복한 적(敵)의 복병에 포위되어 전멸직전의 상황이다.

그때 황금갑옷을 입은 당황한 지휘관의 모습이 보인다.

본인도 강(江)복판에서 어쩔 줄 모르고 우왕좌왕 말머리를 재촉한다.

대군을 이끌고 적국을 쉽게 정복하여 천하를 통일하려는 황제의 기세가 지형을 이용한 상대의 수공(水攻)전에 완전 참패한 처절한 광경이다.'

중국 어느 시대의 전쟁터인 듯하다.

당황한 맹주의 모습이 홍 변호사의 모습으로 크로즈업 된다.

홍 변호사의 전생의 한 장면이다.

이처럼 현생에서의 질환은 전생에서 빚어진 업장(業障)의 산물로써 언젠가는 갚지 않으면 안 될 영원히 짊어지고 가는 채무이다.

"갈비뼈 밑의 거북하던 것들이 점차 엷어지면서 이때까지 넓게 퍼져있는 무엇들이 백회를 통해서 소솔하게 나가는 것 같다"며 개운한 표정이다.

아직 영안(靈眼)은 열리지 않았지만 몸에서 일어나는 느낌은 감지할 수 있기에 "이런 현상이 빙의령이 천도되는 모습이구나"하며 고개를 끄덕인다.

간(肝)의 경혈을 막고 있던 역에너지는 그 날의 전투에서 사망한 수하 장병들과 전장물을 나르는 우마(牛馬)의 집단 빙의령이었다.

환자들을 만나보면 질병이 생긴 문제의 장기(臟器)를 탁기(濁氣)인 역에너지가 막고 있는 것을 볼 수 있다. 이렇게 막고 있는 역에너지를 정화시킴으로서 비로소 경혈이 활동을 시작한다. 그러면 대우주의 기운이 육체로 유입되면서 자연 치유력이 확대되고 점차로 병의 뿌리를 잡을 수가 있다.

카르마의 등급은 저층에서 고층까지 6층으로 존재한다.
대주천수련은 불과 3계층정도의 카르마만 청산되지만 그래도 건강 차원에서는 치료된 것 같아 안심할 수 있다. 그러나 그것만으로 생로병사의 굴레는 벗어날 수 없는 탓에 몇 년 후에는 반드시 재발이 된다.

병의 뿌리를 제거하기 위해서나 혹은 도(道)를 구하기 위해서는 모든 카르마의 청산이 우선이다. 그러기 위해서는 수행을 통한 집중의 관법(觀法)이 묘약이다. 집중의 정신통일이 그렇게 대단하냐며 모두들 잘 믿지를 못한다.

허나 이것은 다음의 비유가 설명을 높인다. 태양의 엄청난 에너지일지라도 풀 한 포기 태울 수는 없다. 허지만 돋보기의 볼록렌즈로 태양 빛을 모으기만 하면 불을 만들어 산림전체를 태울 수 있는 것과 같은 이치다.

우주에 깔려있는 어마어마한 성령의 에너지를 돋보기로 불을 지피듯이 누구든지 집중하여 몰입할 수 있으면 어떤 카르마일지라도 해소할 수가 있다. 그리고 진정한 삼매(三昧)는 6겹의 카르마를 모두 청산한 이후에 비로소 이루어진다.

(2) 대호(大虎)가 빙의된 경찰서장

저자가 검도사범으로 활동을 한 덕에 경찰의 고위 간부들과 교류가 많이 있었다. 간부직에 있는 분들은 학구적인 면과 더불어 정신계에도 관심이 있는 이들이 의외로 많다. 허나 대부분이

격무에 시달려 한두개의 만성질환쯤은 훈장으로 달고 다닌다. 만성병은 쉽게 치료되지 않아 쓰러지지 않는 한 버티기 일쑤이다. 그런 탓에 약(藥)보다는 예방과 치료의 목적으로 단전호흡 등 대체요법을 선호하는 추세이다.

경찰대학 연수과정에 단전호흡이 교양과목으로 개설되어 있어 교육생들에게 예방의학으로 수련을 권장하고 있다.

저자가 요가를 가르치는 검도사범으로 인기가 있어 방학동안에는 자택으로 초대받아 수련을 지도한 적이 있었다. 이때 경험한 일이다.

최서장의 두 딸은 아버지를 닮아 명석한 두뇌와 학구력으로 대학에서 모두 장학생으로 앞날이 기대되는 재원들이다.

더욱이 큰딸은 고신도 수련 2주 만에 대주천(大周天)수련에 증진할 정도로 영혼이 맑고 순수하여 마치 어린이의 심성(心性)과 다름이 없었다.

1주일에 2회였으니 불과 4-5회의 수련으로 10년도 모자란다는 대주천 수련까지 도달하니 도저히 믿기지가 않는다. 초등학교의 2-3학년의 심성은 에고가 생기기 전이라 가능하지만 성인(成人)은 이런 경우가 드물다. 그러나 본인이나 그 가족들은 수행의 어려움이 실감나지 않아 무슨 내용인지 알 수 없다는 표정들이다.

요가체조를 마치고 명상수련에 들어갔다.

최서장은 평소 술을 즐겨 하는 편이라 간장(肝腸)에 문제가 있을 것 같은데 간(肝)보다는 심장의 혈이 심하게 막혀 있었다.

저자의 가슴이 답답해졌다. 빙의(憑依)된 영(靈)은 인연에 따라 법력이 높은 도인에게로 삼투압의 원리와 같이 빨려 들어온다. 다시 말하면 상대의 몸에 빙의된 영(靈)은 법력이 높은 수행자와 마주 앉으면 흐린 물이 맑은 물속에 먹물이 번져가듯 순간적으로 동시에 양다리를 걸치며 빙의가 된다.

수행자에게 넘어온 빙의된 영(靈)은 빛의 보살핌에 휩싸여 천도(遷度)가 되는데 이때에 상대방의 질병 원인이 제거되는 때문에 병이 서서히 낫게 된다.

"가슴이 답답한가"라는 물음에 최서장과 큰딸이 고개를 끄덕인다.

답답해진 가슴을 무심으로 관(觀)하면 저절로 치료가 된다는 짤막한 멘트로 명상을 유도한다.

이윽고 빙의된 영(靈)이 모습을 드러낸다.

칼과 창 등의 마필(馬匹)로 무장한 2-3십여 명의 군사들이 호랑이사냥을 마친 이후 무용담을 서로 나누고 있다. 아름드리 소나무가지에 포획한 큰 호랑이가 튼튼한 그물에 거꾸로 칭칭 동여 메어진 채 축 늘어져 있다.

혹시나 하여 큰애에게 물어본다. "화면이 보여요?"
고개를 끄덕이며 응답한다. "예! 누런 황소 같은 모습이네요."
이때 자기 아버지가 어떻게 보이느냐고 궁금하고 신기한 표정으로 재차 물어온다.
"정말 뭐가 보여? 황소가 보인다 말이야?"

이때 저자가 한마디 거든다. "황소가 아니고 몸에 무늬가 보일 텐데"하며 다시 한번 관(觀)을 무심으로 유도한다.
"예! 누런 바탕에 호랑이무늬가 보이네요, 앗! 호랑이가 맞네요! 아주 큰 호랑이가 보여요!"

최서장의 가슴에 빙의(憑依)되어있던 대호(大虎)의 영(靈)이 고맙다는 감사의 표정을 지으면서 천도가 된다. 그 후 답답하던 가슴이 시원해졌다는 부녀(父女)의 말에 영적(靈的)인 설명을 덧붙이고 수련을 마쳤다.

며칠 후 최서장이 전화를 걸어 왔다.

상용하던 혈압약을 먹지 않아도 되었다는 반가운 소식에 축하를 드렸고, 고신도 수련을 지속적으로 정진하겠다는 약속도 받았다. 앞의 경우는 대주천수행자는 빙의령의 모습을 같은 시각에서 동시에 볼 수 있는 수련의 객관성을 보여주는 일례였다.

(3) 화려한 마차를 탄 황실(皇室)의 여인들

본회(本會)의 법사(法師)직을 맡고 있는 권(權)원장은 2002년 국전 서예(書藝)한문부 특선등 전국의 서예 전에서 대상 및 우수상을 휩쓴 발군의 실력을 발휘하고 있는 수행자이다.

본향이 진주로 그곳에서 팔순의 연세에도 거침없이 일필휘지의 필력(筆力)을 자랑하는 부친의 영향아래 대(代)를 이은 유학자이며 명필 집안이다.

'청년화가는 있어도 청년 명필은 없다' 는 말처럼 서예는 오랜 경륜을 요(要)하는 작업이라 한 손으로 습작을 계속하다보면 몸이 한 쪽으로 자연적 기울어진다.

작품 활동을 하는 문필가나 화가도 마찬가지이지만 서예작가들은 유별나게 자세가 많이 비틀어져있다. 그리고 테니스나 볼링 등의 강한 파워를 요구하는 스포츠는 겉으로는 유연성이 좋고 건강해 보이지만 자세가 완전히 틀어져 노후에는 반드시 질병으로 고생을 하게 된다.

그런 까닭에 성장기의 학생들은 축구, 배구 및 농구와 같이 사지(四肢)를 다같이 사용하는 구기(球技)운동이 균형적인 신체발육에 적합하다.

흔히 단전호흡으로 알려져 있는 고신도(古神道)는 신선이 되는 수련법으로 '나라에서 본래부터 내려오는 고유의 심신(心身) 수련법' 이다. 자칫 사대주의에 물든 학자들이 중국의 도교(道敎)를 잘못 대입하고 있지만 엄연히 우리 상고사의 한 뿌리다.

인간으로 태어나 신선이 될 수 있다하니 이 얼마나 귀중하고 엄청난 비법인가! 허연 수염을 바람에 나부끼고 주장자를 들고 있는 신선의 신령스러운 자태는 우리조상들의 옛 모습임을 자랑스럽게 생각하지 않을 수 없다.

이러한 고신도의 수행법이 단전호흡과 바른 자세만 갖추면 누구나 신선이 될 수 있는 단순한 기법이라 한다면 아무도 믿지 않을 것이다.

단전호흡을 계속하다보면 단전에 기운이 모인다. 그러면 그릇에 물이 넘치듯 기운이 인체의 회로인 임맥(몸의 전면 중앙선)과 독맥(몸의 후면 중앙선)을 따라 자연스럽게 한 바퀴 주천하게 된

다. 이것이 소주천(小周天)이라 이름 하는 신선이 되는 도법의
첫걸음이다.

소주천이 완성되면 상승의 무공(武功)이 나타나고 기공치료도
가능하다. 그뿐 아니라 소녀경(小女經)에 등장하는 황제의 방중
술인 접이불루도 가능해진다.

그러나 단전호흡을 수십 년 하여도 대부분의 수행자들이 소주
천을 이룰 수가 없다. 그까닭은 자세가 바르지 못하기 때문이다.

평생을 수행에 몸 받쳐 구도의 길을 가지만 깨달음은커녕 건
강만 해쳐 중도에 포기하는 이들이 적지 않다. 그런 이들의 변명
아닌 이유를 들어보면 근기(根器)의 낮음과 숙명을 탓한다. 그러
나 이 또한 마음공부만이 최고라는 잘못된 해석에 빠져 몸 공부
를 무시한 탓이다.

신체를 단련한 유연한 바른 자세야말로 인간이 신(神)에게 가
까이 다가 설 수 있는 최상의 지름길이다. 바른 자세란 추나요법
에서 거론하는 자세교정을 말하는 것이 아니다. 단전에 힘이 실
린 기세(氣勢)당당한 자세, 그리고 부드러움과 나긋나긋한 어린
이의 유연한 자세로써 어떤 충격에도 변형되지 않고 다시 되돌
아 올 수 있는 자연의 자세를 말한다.

오랜 서예(書藝)습작의 세월 속에 앉은 자세가 변형된 외모만 짐작해도 만성질환에 시달리고 있음을 간파할 수 있다.

　권원장에게 단전호흡과 요가를 매일 빠지지 않고 실행하도록 권유한지 불과 5-6개월, 열심히 실행한 덕에 자세가 제법 바르게 고쳐 쳤다.

　'만성위염으로 평소에도 병원을 내 집 들락거리듯 하였다. 위장상태가 호전되었다가 다시 과식으로 악화되어 며칠씩 고생하면 혹시 큰 병이 아닐까 싶어 조바심이 났다. 일 년에 한두 번은 거르지않고 위내시경으로 위장을 비추며 혹시 암이 아닌가하고 전전긍긍하였다.

　그런데 고신도 수련에 입문한 이후 일단은 병원 신세를 지지 않게 되어서 한 가지는 건졌다.' 며 곧잘 농을 주고 받았다.

　그러나 위장의 더부룩함은 말끔히 가시지 않는다며 불평이다. 청년시절부터 앓았던 위장병이 불과 5-6개월 만에 완치(完治)된다는 것은 욕심이라고 자위하면서도 내심 기대가 크다.

　병(病)이라는 것은 카르마의 입장에서 보면 어제오늘의 일이 아니고, 전생의 업에 의한 인과응보의 결과이다.

　고신도 수련은 수행이 올라갈수록 관(觀)이 자리잡게 된다.

　관법(觀法)이 완성됨으로써 탁기를 정화시킬 수 있는 힘이 생기고 그것이 빙의령의 천도능력으로 발달하여 자가 치료가 가능해진다. 본회에서는 기공치료를 원하는 이들에게 병을 치료하는 것이 아니라 병을 치료할 수 있는 방법을 가르친다.

권원장의 수행속도는 놀랍다 못해 경이적이다.
드디어 선정(禪定)에서 아즈나 챠크라의 터널을 만들어 이근원통의 수행을 이루어냈다.
대단한 결실이다!
서예(書藝)인들이 명상수련에서도 탁월한 성과를 이룰 수 있는 까닭은 습작에서 오는 집중력과 몰아(沒我) 그리고 지구력 덕분인 듯하다.

고신도 수련에서 중단전(中丹田)의 개혈은 마음공부가 한 단계 뛰어 오르게 됨을 의미한다. 그것은 용이 비를 만나는 것과 같고, 범이 날개를 단 것과 같은 경지이다. 그러나 수행자의 에고(ego)와 습(習) 때문에 중단전을 개혈하기란 낙타가 바늘구멍으로 들어가는 것처럼 어렵다.

선정에 함께 들었다. 삼매에 깊이 빠져들면 두 사람의 기운이 공명현상을 나타내어 엑스터시에 빠진다. 기운의 파도가 빛과 소리로 변하여 밀려오다가 위장부위에서 걸림이 감지되어 자연스럽게 위장의 경혈을 관(觀)하게 되었다.

물이 위에서 아래로 흘려가고 흐린 물이 깨끗한 물을 순간 흐려놓듯이 상대의 막힌 부위의 느낌이 저자에게로 그대로 전이된다.

그 순간 위장(胃腸)을 막고 있던 빙의령이 서서히 모습을 드러낸다.

이윽고, 황금색으로 화려하게 꾸민 마차에 동승한 황궁의 여인이 예쁜 미소를 지으면서 선녀의 날개옷을 너울거리며 천도된다.

마차(馬車)는 부귀와 영화를 대변하는 신분의 바로메타이다.

마차는 오늘의 롤스로이스자동차로 바뀌었을 뿐 그 화려함은 옛날이나 지금이나 마찬가지다.

마차(馬車)의 화려함을 유추해보면 아마 중국 어느 시대 황제의 마차가 아닌가 싶다.

권원장의 한학(漢學)에 대한 열정이며 한문(漢文)서예는 전생에서 연유한 것인가…. 그럼 전생이 중국 황실의 후예인가?

더부룩하던 위장이 박하 향을 마신 듯 시원해진 것은 전생에 못 다한 황궁의 여인과의 매듭이 풀어진 연유일까?

잠깐 동안의 생각이 스쳐 지났는데 다른 장면이 화답을 하듯 피어오른다.

용(龍)이 구름을 타고 승천하는 장면이다.

그런데 용(龍) 머리 위에 7-8세 가량의 어린아이의 모습이 보인다. 가까이 클로즈업되는데 어린이의 얼굴이 어디서 많이 익은 얼굴이다.

역시 권원장의 모습이다. 그러면서 텔레파시가 전해진다.

황실의 후예이지만 등극을 하지 못한 사연과 황실의 여인은 본인의 그 시대의 조상 영(靈)이란다.

그 이후에도 수련 중에 몇 번인가 전생의 화면들이 나타났다. 그때마다 화려한 마차를 탄 황실의 여인들이 등장하는 장면이 연출되는 것을 보면 전생이 예사롭지 않은가 보다.

(4) 칼끝을 벗 삼아 살아가는 무사(武士)집단

'귀신이 먼저 알고 덤빈다'는 말처럼 어둠이 깔린 공동묘지 옆을 지나치면 머리끝이 주뼛하며 갑자기 무서움증이 일어난다. 그때 벌써 중단인 가슴에 빙의령(靈)이 자리 잡는다. 그뿐 아니라 깊은 밤 혼자 앉아 좌선에 들려면 여느 때와 다르게 무서움증이 일어나면서 등골에 오싹한 기분이 든다. 이때는 불을 켜고 수행에 매진하면 아무런 문제가 없다.

어둠은 영혼을 부르고 밝음은 빙의령을 내친다.

불경(佛經)속의 향수해(香水海)는 너무나 맑아 천길 아래 바다의 밑바닥이 여기에서 저기를 보듯 한눈에 환하게 보이는 것을 말한다. 깨달음의 세계는 시간과 공간을 초월하여 언제 어디서나 걸림이 없고 막힘도 없다.

이처럼 심신이 청정해진 수행자 역시 어느 정도 향수해를 흉내 낼 수 있다. 수행이 깊어 청정해진 대주천수행자는 상대를 떠올리기만 해도 상대의 기운이나 수행의 경지를 단번에 감지할 수가 있다.

산중에서 수행(修行) 정진하는 스님들 중 그날그날 자기를 방문하는 이를 꿰뚫어보는 신통에 같이 공부하는 도반(道伴)이 혀를 내두르곤 한다. 그러나 이것은 특별한 초능력이 아니라 심신이 맑아지면 그냥 알 수 있다.

누군가 스님을 만나야겠다는 생각을 일으키자마자 본인의 기운이 에너지로 변하여 먼저 달려간 것이다. 또 전화가 오기 전에 미리 상대를 예견할 수 있는 것은 생각의 에너지가 먼저 전달되므로 수행자는 이미 알 수가 있다. 그것은 자기보다 법력이 높으면 법력으로 전해지고, 그렇지 못한 이들에게는 기운과 함께 빙의령의 모습으로 전달된다.

누구라고 확실히 알 수 있는 이유는 개개인마다 빙의(憑依)가 되어있는 신체의 부위가 다르기 때문이다. 항시 뒷목이 불편한 이는 언제나 그것이 신호가 되어 뒷목으로 통증이 오고 중단이 막혀있는 이는 가슴의 맺힘으로 온다. 아무렇지 않다가도 갑자기 뒷목이나 중단이 막혀오는 경우 그들로부터 전화가 오거나 방문을 받게 된다.

대주천수행자는 기운이 맑아 감지능력이 대단히 뛰어나다. 허나 그들 역시도 수행을 게을리 하거나 계(戒)를 지키지 못하면 청정이 흐려져 잠깐 동안 느낄 수 없게 된다. 그 후 청정이 회복되면 다시 본래의 맑음으로 되돌아온다. 한 단계위의 경지인 관음수행자는 청정의 회복시간이 무척이나 빠르다.

이런 맑음의 구분으로 수행의 계제를 설명한다. 성인(聖人)의 반열에 겨우 입문한 수다함(늦어도 7생 안으로 완전한 깨달음을 얻을 수 있음)과 사다함(일래과, 내생 안으로 완전한 정각을 성취함)의 경지가 다르고 아나함과 아라한(阿羅漢)의 경지가 구분이 된다. 이처럼 성위4과(星位四果)로 설명한 것은 수행의 끝없음을 말하고 있다.

빙의령이란 카르마의 단면으로 삿된 생각을 일으키거나 속세의 미망과 탐심에 빠지면 언제나 나타나 수행자의 발목을 잡아 경혈을 막는다. 지금까지 대우주의 기운과 활발하게 소통하여 활동하던 경혈이 한순간 막히면 넥타이를 꽉 조여 맨 듯이 목을 죄는 갑갑함은 교수(絞首)행의 기분과 다를 바 없다.

그러다가 빙의령이 천도가 되어 막힌 혈이 열리면 십 년 먹은 체증이 시원하게 내려가듯 하늘의 기운이 창궐하여 비로소 걸림 없는 삼매의 경지에 들 수 있다.

대주천은 아나함과 아라한의 중간정도의 과위(果位)로 평가해도 무리가 없다.

수행의 바탕은 업장소멸이다.

천도능력이 곧 수행의 척도인 탓에 계정혜(戒定慧)를 지속적으로 지켜 청정(淸淨)을 유지해야한다. 영(靈)의 세계가 단순하게 한 층으로만 이루어 진 것이 아니라 여러 층의 단계가 있어 이마의 지혜안 −아즈나챠크라의 수행자(修行者)외는 영가천도를 논하는 것은 어불성설이다.

박수무당의 천도제는 유치원생의 어릿광대와 같다. 법사라 자칭하고 보살이라 떠 불러도 무당의 영능력은 언제나 한계가 있다. 영의 모습을 볼 수 있는 것과 영가천도능력은 전혀 다르다. 이것은 마치 도둑을 볼 수 있는 것과 도둑을 잡을 수 있는 능력이 다르듯이, 밤새도록 시끄럽게 꽹가리를 쳐 빙의령을 내쫓을 수는 있어도 완전히 해결할 수는 없다. 시간이 지나면 빙의령은 또다시 제자리로 돌아온다.

고신도(古神道)수련에서 수행의 과정인 소주천, 대천문개혈, 대주천, 아즈나챠크라의 수행의 과위(果位)를 논하는 이유가 바로 여기에 있다.

소주천 수행자의 영가천도 능력이 따로 있고,

천문(天門)의 개혈이 계제를 올리며

또 한 단계 높은 대주천 수행자의 천도능력이 따로 있다.

그리고 관음법문 수행자의 능력은 앞서의 수행자들보다 또 다른 높은 단계인 것은 물론이다.

저자가 한동안 검도체육관을 운영할 때이다.

사범들에게 운영을 맡기고 수행에만 정진하고 있었기에 시합장에는 좀처럼 얼굴을 드러내지 않았다. 그러던 중 부산시장기 쟁탈 검도시합 날, 사범의 예비군훈련으로 선수들을 직접 인솔하게 되었다.

다음날 출전할 선수명단을 정리하고 서류를 마감하는 순간 언제 들어왔는지 빙의령이 가득 들어와 찼다. 예사롭지 않은 빙의령으로 온 몸이 쇠사슬에 묶인 것처럼 몸을 죄면서 근육이 굳어온다.

정좌하여 깊은 침묵의 삼매에 든다.

중단에 맺혀있는 한 무리의 빙의령을 무심의 관법으로 직시한 지 2시간!

드디어 움직임이 시작되는 징후가 보였다.

집단 빙의령이다!

실타래가 풀리듯 매듭의 끈이 풀려 나오기 시작한다.

정수리의 백회(百會)혈 쪽으로 몰려나오는 한 무리 대군의 군사들 모습이 나타난다.

말을 탄 기마병이며, 긴 창을 움켜쥔 용맹한 무사(武士)들의 영(靈)들이 하늘로 천도되는 장면은 마치 질서정연한 군(軍)의 사열식을 방불케 한다. 미처 순서를 기다리다 못해 떠밀려 나오는 기마병 몇몇은 머리끝에서 아래로 떨어지면서 간신히 자세를 잡고 하늘로 승천한다.

대장(大將)의 기세를 갖춘 우두머리의 영(靈)이 당당하며 예의 바른 자세로 합장하며 하직 인사를 한다, 무엇이라고 말하는 듯 텔레파시로 정중하게 하례를 올린다.

전생에서 저자를 경호하던 대장이란다. 감회가 새롭다.

이렇게 해서 전생의 빚을 갚을 수가 있다니 정말 다행스러운 일이 아닌가!

내일 시합장에 나오는 많은 선수와 관계자들은 아마도 과거 전생이 무사인 듯하다. 수많은 전투에 참가하여 살생(殺生)의 인과를 가진 탓에 누구도 빠짐없이 원한의 영(靈)이 빙의된 까닭이다. 비록 육신은 옷을 바꿔 입었지만 전생의 행위가 그대로 전달되어 이번 생(生)에도 칼을 취미로 하는 습(習)을 타고나는 것 같다.

(5) 뱀이 또아리를 틀고 있는 현직교사

건강에 좋다하여 모 수련단체에서 6개월 정도 수련한 경험이 있는 현직 교사다. 겉으로는 아무런 문제가 없는 것 같으나 두통이 간헐적으로 일어나 본회를 방문하였다.

"단전호흡 보름 만에 몸이 저절로 떨리는 진동의 신비함에 흠뻑 빠져 열심히 그곳을 다녔습니다. 그 단체에서는 진동이 오는 것은 막힌 혈이 열리는 현상으로서 수행이 고차원으로 진입하는 과정의 초능력이라며 매우 환영하고 다들 부러워하였습니다.

그 뿐 아니라 단무(기무氣舞)도 가끔씩 나오게 되고 또 특별수련회에 다녀온 이후에는 기운의 흐름이 강해져서 마치 도인이 된 것 같았습니다.

　그런지 며칠 후, 어디에선가 냉한 기운이 강하게 들어온 후부터 머리가 어찔어찔하여 정신을 차릴 수 없었어요. 소속사범들에게 기공치료도 받곤 하였는데 별스런 차도가 없어 내친김에 한의원에서 침도 맞고 한약도 처방 받았습니다.
　한의원에서도 단전호흡을 잘못하여 생긴 상기(上氣)병인 듯하니 열심히 치료할 것을 강조하였어요. 그 후 수행을 잘못하면 주화입마가 된다고 어떤 책에서 본 것 같아 단전호흡과 수련장을 멀리하게 되었습니다.

　점심식사 뒤에는 두통이 일어나 점심을 아예 안한 지가 몇 개월이 되었습니다. 그런데 요즘 들어 두통의 횟수가 잦아져 예사롭지가 않습니다. 건강을 지키려고 단전호흡을 수련하다가 오히려 두통만 얻었으니 혹 떼려다 혹 붙인 격이라 후회가 정말 이만저만 아닙니다."며 푸념이다.

　그러나 원인 없는 결과가 있을 수는 없다. 시작은 어떻든 간에 남보다 먼저 기(氣)를 느낄 수 있음은 전생의 공덕이며 지금의 두통 역시 전생의 카르마이다.

명상(冥想)중에 전생의 화면이 펼쳐진다.

현직교사의 전생은 착각도사이다.
자기가 깨달음을 얻은 하느님인양 거드름을 피우며 여러 대중 앞에서 목회를 개설하고 있는 기독교 교회의 목사님이다.

'열광적인 기도가 시작된다. 수많은 신도(信徒)들이 존경과 찬사를 보내며 목사님의 말이면 하느님의 지시인양 받들어 우러러본다. 자기만이 하느님의 대변자라며 목청 올려 강군(强軍)하지만 장면이 바뀌면서 화려한 저택에서 부(富)를 즐기며 못된 짓을 예사롭게 하는 두 얼굴의 사나이 야누스의 모습이 나타난다.'

흔히 종교의 지도자들이 무소유(無所有)보다는 이재(理財)의 수단으로 한 생을 마치면 뱀으로 환생한다는 속설이 있다. 그리고 깨닫지도 못했으면서 진리를 운운하는 것 또한 혀의 업장으로 뱀이 혀를 항시 날름거리는 모습과 인과가 같다고 한다.
그런데 점점 혈이 막혀온다.

이크! 이게 누구야!
언제 빙의(憑依)가 되었는지 모르게 두터운 뱀의 비늘이 상단전의 경혈을 막으며 머리 전체를 감고 있는 것이 아닌가!

현직교사의 머리에 또아리를 틀고 있던 대사(大蛇)의 빙의령이 전이 된 것이다. 상단전의 천목(天目)혈을 막을 수 있는 영(靈)이라면 보통의 파장이 아니다. 영계에서도 지독한 원한의 에너지로 남의 간섭을 싫어할 뿐 아니라 그 힘이 예사롭지가 않다.

법력(法力)이 높은 고급수행자라도 피하고 싶은 빙의령이다. 일반적인 저급령은 대주천수행자의 법력에 의하여 불과 몇 분 혹은 길게는 1-2시간의 관(觀)으로도 조용한 모습으로 바뀌면서 천도가 된다.

더욱이 천도가 될 때 두 손을 합장하고 떠나는 모습은 그동안 무명(無明)의 어둠 속에서의 아픔을 잊어버린 것 같아 수행의 보람이 재삼 느껴진다.

그러나 이처럼 상단전(上丹田)의 혈을 막아오는 원한의 영(靈)은 정말로 힘이 든다. 일반적인 빙의령(靈)은 짧은 시간에도 천도할 수 있지만 악연(惡緣)의 파장은 며칠씩 또는 1-2개월씩 머물면서 고통을 선사한다.

수행자중 등급이 그만한 이들은 이처럼 강한 악령의 손길에서 벗어날 수 없어 죽음을 맞이하는 경우가 가끔 있다. 흔히 영가천도제를 지내다 갑자기 유명을 달리하는 스님이나 무당들은 보통 이러한 예이다.

그런 때이면 온몸이 깁스한 것 마냥 꼼짝도 할 수 없고 숨이 턱에 걸려 그냥 죽고 싶은 심정이다. 악귀의 영(靈)은 육신의 경혈들을 모두 막아 심장마비를 일으키거나 머지않은 장래에 악성 질환을 일으켜 결국 죽음으로 몰아간다.

원귀(冤鬼)를 천도시킬 수 있는 방법은 단 한 가지,
전생의 원한에 비례하는 아미타불의 광명뿐이다. 어둠의 터널에 머물고 있는 역에너지를 황금빛의 자비와 사랑으로 녹이는 방법은 오직 부처님의 부사의한 법력뿐이다.
그러나 다행스럽게 우리나라 고유의 고신도 수행법이 그 길을 안내하는 길잡이가 된다.

영적인 장애나 카르마의 해소에는 무당의 푸닥거리나 큰스님의 독경이 도움이 될 수 있을 것이라고 일반적으로 알고 있지만 전혀 그렇지 않다. 법력이 높은 청정수행자의 인도 없이는 불가능하다. 다시 말하면 지혜안이 열린 아즈나 차크라의 관음(觀音) 수행자만이 법력의 광명을 전해줄 수 있다.

간절한 부탁의 말씀이 있었지만 도울 수 없는 입장이 안타깝다.
한사람에게 매달리기에는 너무나 많은 시간이 필요한 탓에 방법만 전수해드리겠다는 응답이 섭섭하겠지만 어쩔 수 없다.

일반적인 수행은 불과 3개월에 대주천으로 급상승하는데 원한에 찬 빙의령은 파장이 남다르기 때문에 무려 1년 이상의 긴 시간이 소요된다.

이러한 경우의 수행 프로그램은 다음과 같다.

1. 일주일에 1- 2시간 저자와의 독대수행으로 탁기를 헤쳐 나간다.

2. 필요 없는 초자연계의 정보를 탐닉하지 않는다. (반야심경과 금강경을 사경(斜徑)하며 그 뜻을 익히고 묵상한다)

3. • 아침저녁으로 빠른 걸음과 조깅으로 신체를 단련하며 집중도를 높이는 경행을 생활화한다.(왼발을 뗄 때 왼발을 관하고, 오른발을 뗄 때 오른발을 관하고, 왼발이 바닥에 닿을 때 발바닥의 느낌을 관하고, 오른발 발바닥 역시 관법을 놓치지 않는다)

   • 매일 1-2시간의 산행을 의무적으로 한다.

4. 하루 1끼 생식을 습관화하며 육식보다는 채식을 즐겨 상식한다.

5. 단식요법(단식은 다음 장에서 자세하게 설명)에 참가하여 몸속에 남아있는 마지막 카르마를 해소한다.

6. 단전호흡은 와공(누워서 함)으로 시간이 있을 때마다 시행

하며 본회의 수식관 호흡 외에는 다른 방법의 명상은 일체 금한다.

본 프로그램에서 등산을 권하는 이유는 산을 오르는 데의 상쾌함도 있지만 힘든 산행이 근력을 올리고 단전을 강화시키는 효과를 증폭시킨다. 뿐만 아니라 가파른 산길에서의 반드시 올라가야 한다는 일심(一心)이 기운을 맑게 하여 몸속의 잘못된 에너지인 냉기(冷氣)를 방출시킨다. 그래서 매일 하루 1-2시간 이상의 산행이 꼭 필요하다.

본인이 열심히 프로그램에 따라 지키고 시행한 덕분에 6개월의 사투 끝에 대부분의 영적인 장애는 해소되었다. 그러나 아직 정상적인 수행은 시기상조이다. 축기가 될 무렵 사범들과 함께 단식요법에 참가 한 이후 심신의 청정이 드디어 빙의령의 뿌리까지 흔들어 놓았다.

무려 일년이 넘은 사투의 흔적이다. 수행은 일취월장하여 대주천의 완성이 눈앞에 있다.

가족과 주위에서의 달갑지 않은 시선에도 아랑곳하지 않고 저자를 믿고 시간과 경제적인 투자를 아끼지 않은 선생님께 격려의 박수를 보낸다.

4장. 보이지 않는 세계
– 영계(靈界)

4장. 보이지 않는 세계 – 영계(靈界)

성경(聖經)에는 마귀에 귀신들린 얘기가 자주 등장한다.

"날이 저물었을 때에 사람들이 예수께 마귀 들린 사람을 많이 데려왔다.

예수께서는 말씀 한마디로 악령(惡靈)을 쫓아내시고 다른 병자들도 모두 고쳐 주셨다."

천도(薦度)란 불교의 예식으로 죽은 사람의 영혼을 부처와 인연을 맺어 극락세계로 인도함을 말한다. 그러나 천도되지 않은 영혼은 중음신(中陰神)이 되어 구천을 떠돌아다니며 살아 있는 후손들에게 온갖 못된 짓을 일삼는 잡귀(雜鬼)가 된다고 전해진다.

종교나 풍습을 가장한 미신의 해악(害惡)은 인간사회를 무너뜨릴 수도 있다.

요즘의 세태는 이들에게 의지하여 복(福)을 빌고, 귀신의 영험을 좇아 그들에게 축원을 올리는 일이 다반사이다. 정치를 하는 위정자들 역시 마찬가지다. 하늘에 천제를 올린다든가 신년 국운 기도를 드리는 광경은 그냥 지나칠 수 없는 장면이다.

복이란 하늘에서 만들어지는 것이 아니라 내가 스스로 짓는 것이다. '뿌린데로 거두리라.'는 인과의 법칙은 이것을 잘 설명하고 있다. 오늘에 사는 복덕(福德)은 모두가 전생에 심어 놓은 본인의 선행임을 인식해야 할 것이다.

영혼의 세계가 신비하다하여 동경(憧憬)하는 것은 금물이다. 수행자는 '생각의 걸림이 없는' 자유인이 목표다. 그리고 한 발 나아가 모든 사물을 통제하는 영적인 능력을 가져야 한다. 종교인들은 이러한 능력을 하느님의 은총이나 부처님의 가피라 주장한다. 그러나 그렇지 않다. 그 법력은 오직 본성(本性)의 믿음과 수행에서만 나온다.

마귀에게 사로잡힌 아이 (마태오 17:14-21)

그들이 군중에게 돌아오자 한 사람이 예수께 와서 무릎을 꿇고 "주님, 제 아들이 간질병으로 몹시 시달리고 있으니 자비를 베풀어주십시오. 그 아이는 가끔 불속에 뛰어들기도 하고 물속에 빠지기도 합니다. 그래서 주님의 제자들에게 데려가 보았지만 그들은 고치지 못했습니다." 하고 말씀드렸다.

예수께서는 "아, 이 세대가 왜 이다지도 믿으려 하지 않고 비뚤어졌을까? 내가 언제까지 너희와 함께 살며 이 성화를 받아야 한다 말이냐, 그 아이를 네게 데려 오너라"하시고는 마귀에게 호령하시자 마귀는 나가고 아기는 나았다.

사람들이 없을 때 제자들이 예수께 와서 "저희는 왜 마귀를 쫓아 내지 못하였습니까?" 하고 물었다.

예수께서는 이렇게 대답하였다. "너희의 믿음이 약한 탓이다. 나는 분명히 말한다. 너희에게 겨자씨 한 알 만한 믿음이 있다면 이 산더러 '여기서 저기로 옮겨져라' 해도 그대로 될 것이다. 너희가 못할 일은 하나도 없을 것이다."

1) 모습 없는 모습

흔히 영(靈)적이라 하면 무당이나 종교인들을 연상하며 우리의 일상사와는 무관하다고 생각한다. 특히 영(靈)을 볼 수 있다는 것은 좀체 상상할 수 없는 사건이다.

그동안 이런 일들은 호기심 많은 이들이 흥미를 일으키도록 만든 환상의 세계이며, 비과학적이며 미신이라고 여겨왔다. 그러나 굳이 무속이나 종교와 관계하지 않는 이들도 지속적인 명상에서 영적인 체험을 할 수 있다. 그리고 또 영(靈)을 볼 수 있다면 믿기가 어려울 것이다.

영(靈)이란 성령보다는 악령을 먼저 떠올리게 되는데 이것은 자극적인 악령의 이미지가 뇌리에 남아있는 탓이다. 영(靈)이란 일종의 에너지로서 자력과 같이 서로가 서로를 당기는 힘처럼 느껴진다.

일반적으로 교회나 불교의 법당에서는 성스러움과 평화로움을 느낄 수 있다. 그 반대로 어둡고 음침한 장소나 공동묘지 같은 곳에서는 머리끝이 주뼛해지며 공포와 섬뜩한 한기를 느끼게 되는 경우가 이러한 영(靈)의 에너지이다.

여름철이면 납량특집 T.V 프로에서 가끔씩 소개되는 무당들의 영통능력은 충분한 구경거리가 된다. 흉가(凶家)에서 귀신의 모습을 서로가 엇비슷하게 보는 신비한 능력은 마치 외계인을 보는 것 같다.

그러나 무당들이 사용하는 영감(靈感)은 수행자가 가지는 통찰력의 힘과는 달리 접신된 영(靈)의 몸을 통해서만 볼 수 있다. 본성(本性)의 지혜가 아닌 접신의 능력으로 행하여지는 이러한 것들은 진리의 입장에서 보면 절대 간과할 수 없는 마구니의 짓거리들이다.

무심의 삼매에서 얻어지는 육신통 외에는 모두가 마귀의 장난일 따름이다. 수행자가 몸과 마음이 청정해지면 상대의 마음을 읽을 수 있는 타심통이 열린다. 이것 역시 그렇게 특별한 신통(神通)이 아닌 것은 일상적인 생활의 일부와 같은 현상이기 때문이다.

초등학생의 자녀를 둔 부모들은 어린이의 영악스러운 거짓말을 알고도 속아주는 경우가 허다하다. 속이려는 자녀의 마음을 이미 간파한 뒤에 내리는 부모의 결정이라 속는 줄 알면서도 미소를 지울 수 있다.

비록 자녀의 일이지만 상대의 마음을 읽을 수 있는 능력은 타심통(他心通)의 시작으로 자기보다 낮은 차원의 생각의 에너지는 금방 알 수 있다.

수행이 깊어지면 영혼의 격이 낮은 일상의 사람들의 마음은 영격이 높은 수행자의 입장에서 보면 훤히 들여다 볼 수 있다. 이와 같은 이치로 청정해지면 눈에 보이지 않는 에너지의 모습인 빙의령의 자태도 쉽게 볼 수 있게 된다.

수행은 곧 청정이다. 청정이 깊어질수록 영혼의 격이 높아지면서 영적인 부분과 한 단계 위 선계(仙界)의 사건까지도 알 수 있다. 그러면 청정은 어떻게 만들어지는가?
계(戒)를 지키면 몸과 마음이 깨끗해지는 것은 불문(不問)가지다. 계율이란 특별한 내용이기보다는 불경의 가르침이며 성경의 말씀이다.

다음이 선정(禪定)이다.
선정이란 세상일은 뒤로 잠시 미루어 두고, 조용한 산사에서 마음을 닦는 것이 지혜를 열 수 있는 길이라고 알고 있다.
물론 최고의 조건임에는 틀림이 없다.
그러나 아무리 최적의 조건이라 하더라도 고급의 법문을 얻지 못하면 평생을 투자해도 지혜의 문인 그 길을 좀체 갈 수 없다.

선정의 최대효과는 집중이다. '벽돌을 갈아서 거울을 만들겠다' 는 냉소 섞인 비유에 깨달음을 얻을 수 있었던 것은 좌선만이 유일한 길이 아님을 암시하고 있다.

'항시 깨어 있어라' 는 성서의 구절처럼 수행의 참모습은 일상에서의 집중임을 설명하고 있다.

그 다음이 지혜이다.

'무소의 뿔' 처럼 밀어붙이는 정진보다 더욱 빠른 깨달음의 비법을 경전에서 속 시원히 말하지 않는 까닭이 무엇일까?

도(道)는 불립문자라 마음으로 전해진다고 하지만 마음공부를 한다는 게 너무 범위가 넓어 어디가 시작이고 어디가 끝인지를 알 수 없다. 그리고 마음의 청정은 눈에 보이지 않기에 수행의 척도를 결코 짐작할 수도 없다.

그러나 고신도(古神道)수련은 기(氣)를 느끼고 마음을 체험하면서 청정(淸淨)이 집중의 밀도임을 쉽게 알 수 있다. 스트레칭과 느린 동작의 태극권을 통하여 인체는 에너지의 파장을 감지하는 신비함이 있다. 이외에도 진동이나 기마세(騎馬勢)등 일상의 어떤 행위가 기운과 직결되어있다.

에너지를 느낄 수 있는 능력은 마음의 눈인 심안(心眼)과 함께 기(氣)를 볼 수 있는 기안(氣眼)을 선사한다. 이처럼 눈에 보이지 않는 에너지를 느낄 수도 있고, 영감(靈感)으로 볼 수 있는 능력이 곧 지혜이다.

집중이 고도화되면 그 느낌이 강해지는데 느낌이 피부에 강하게 전해질 때 어떤 형상이 구체화되어 보이게 된다. 이것이 지혜의 눈이다.

가장 쉬운 방법이 걸음을 걸을 때 발바닥이 닫는 감촉을 느끼는 관법(觀法)이다.

발이 땅에 닿는 뒤꿈치에서 발바닥의 표면으로 전해져오는 느낌을 놓치지 않는 일상의 수행이 지혜의 눈을 찾아가는 왕도(王道)다. 이렇게 수행을 2-3개월 하게 되면 발바닥의 용천혈이 어느 날 우연히 보이게 된다.

인체의 경혈은 집중의 시간이 쌓이면 동그란 원의 모습으로 혹은 인체의 눈동자와 비슷한 모양으로 언뜻 보인다. 처음에는 본인이 잘못 본 것 같아 착시(錯視)이거나 환시(幻視)로 오해를 하기도 한다.

이와 때를 같이하여 평소 음주(飮酒)로 인하여 혹사시켜 기능이 떨어져있던 장기(간장이나 심장)의 부위가 막힌 듯 답답함과 압박감의 느낌이 구체화된다. 이것 또한 심신의 청정에서 오는 '묘촉'으로 의식이 저절로 쏠리게 된다.

육신이든, 마음의 씀씀이든 평정을 잃거나 강하게 집착하면 해당 경혈이 막히게 되는데 한의학의 이론이 이곳에서 출발점을 찾는다. 혈(穴)이 막히면 기혈(氣血)의 순환이 장애가 생기면서 신진대사가 원활하지 못하게 되어 질병이 발생한다. 이때 경혈을 개혈함으로서 비로소 건강을 찾을 수 있게 된다.

　그러나 경혈은 단지 질병의 치료점에 국한 된 것만이 아니다. 그곳에는 초자연계의 비밀이 숨겨져 있어 그 밑바탕에는 카르마(업장)가 기다리고 있다.

　카르마란 윤회의 기록으로 어제오늘의 일이 아닌 전생의 사건을 압축하여 만든 일련의 압축 프로그램이다.

　눈에 보이지 않는 에너지라고 해서 비 과학으로만 매도하지 말라! 한 발 나아가 수행의 끝자락을 잡게 되면 내가 인간으로 태어난 이유와 목적을 영감(靈感)으로 알게 되며, 또 영안(靈眼)으로 볼 수도 있다.

2) 명당중의 명당 - 청와대

기(氣)라는 용어는 우리의 일상에서 알게 모르게 많이 사용하고 있다. '분위기가 좋다, 생기가 넘친다.' 는 것은 생동하는 에너지를 표현하는 뜻으로 그곳에는 장애가 감히 근접하지 못한다. 기(氣)는 다시 말해 곧 힘이다.

힘의 세계에서는 돈이 최고다. 그러나 돈보다도 권력은 강한 힘 중의 힘이다. 특히 권력의 핵심인 청와대의 파워는 국내 최고의 기운이다.

누구든지 청와대에 입성하면 본인은 물론 사돈의 팔촌까지 목에 힘이 들어가며 자손대대로 칭송되는 영예를 누린다.

한때 모 일간지에 청와대는 빙의가 출몰하는 지세(地勢)로 여자대통령을 당선시켜야 된다는 허무맹랑한 문구를 내세워 선전하는 책이 베스트셀러가 된 적이 있다. 참으로 아연실색할 현상이다. 이러한 내용은 빙의에 대한 무지에서 오는 것으로 정말 삼가 해야 할 짓이다.

빙의령이란 마구니의 수족으로 성령(聖靈)과는 반대의 모습이다. 그들은 어둠이 내린 컴컴한 밤이나 습기 찬 곳을 좋아한다. 그래서 언제나 도깨비나 귀신이 출몰하는 시간은 밤비가 부슬부

슬 내리는 어두컴컴한 곳이다.

그 반대로 밝고 활기찬 기운이 난무하는 장소인 명당은 저급령이 근접치 못할 뿐 아니라 누구든지 그 곳에 머물기만 해도 활기를 얻어 자신감이 넘친다.

특히 지금의 청와대는 기운의 집결지로서 심신이 청정한 수행자는 지기(地氣)를 쉽게 느낄 수 있다. 청와대를 출입하는 기자(記者) 가운데 기(氣)수련의 경험이 있는 사람은 그곳에서 강렬한 기운을 느낀다며 자랑스럽게 얘기하고 있다.

명당이란 청와대의 기운과 같이 지속적이고 반영구적인 장소를 말하는 것으로 빙의령의 출몰이란 아예 접근조차 불가한 곳이다. 더욱이 한(韓)민족의 열려오는 국운과 함께 그 기세는 날이 갈수록 강대해져 청와대는 세계의 중심으로 거듭 날 것임을 확신한다.

빙의령이란 마귀의 모습으로 마왕의 부하로 등장하지만 사실은 우리가 만들어내는 생각에 빌붙어오는 곰팡이 균과 같다. 습기 찬 곳에 곰팡이가 피듯이 인간이 뿜어내는 탐욕과 성냄과 어리석음과 질투와 인색함과 교만함, 그리고 잘못된 견해와 착하지 못한 마음으로 오정(五情)에 빠질 때 언제나 주인처럼 등장하여 판세를 주도한다.

일례로 식사 중, 맛있는 음식에 과식을 하게 되면 위장의 부담으로 위염이 발생된다. 또 지나치게 짜게 먹거나 혹은 싱겁게 먹는 무염식이거나, 지나치게 맵게 혹은 시게 먹으면 위염을 일으킬 수 있는데 이것 역시 빙의령을 불러들이는 행위이다.

증상이 가벼울 때에는 조심만 하면 자연적으로 치료가 되지만 햇수가 거듭될수록 위염이 위궤양으로 진행되며 결국에는 위암으로 생명을 잃게 된다.

이처럼 음식의 오미(五味)를 지나치게 과용하거나 혹은 사갈(蛇蝎)시하여 무염식을 강조하면 곧 질병을 얻게 된다.

질병이란 중용(中庸)을 지키지 못하여 일어나는 현상으로 그 뒤에는 반드시 역기능인 빙의령의 출몰이 예상된다. 그러나 중용이 그렇게 쉬운 상대가 아니다. 왜냐하면 지혜안이 열려야만 알 수 있는 통찰력이기 때문이다. 통찰력이란 어느 날 우연히 그냥 오는 것이 아니라 준비된 일심(一心)에서 계기를 맞이하게 된다.

집중으로 관(觀)을 만들고, 관(觀)으로 일심을 만들면 빙의령의 정체를 알아챌 수 있다. 나아가 용맹정진으로 무심법(無心法)

을 이루면 카르마를 지울 수 있는 '함이 없는 함'의 천도능력이 저절로 나타난다.

"거거거 중지(去去去 中知) 행행행 리각(行行行 裡覺)"
(가고가고 또 가면 알게 되고, 행하고 행하고 또 행하면 깨달음을 얻는다.)

인간은 육신을 보존해야하는 탓에 오직 육신을 위한 생각에서 벗어 날수가 없다. 또 탐(貪)해야 하는 까닭에 언제나 빙의령과 함께 하며 그의 손아귀에서 좀체 벗어 날수가 없다.
그러나 고신도 수련의 핵심인 무심(無心)의 관법으로 용맹정진하면 일체색신삼매를 얻을 수 있다.

아무리 가르치고 일러줘도 볼 수 없던 맹인이 갑자기 개안(開眼)이 되면 칠흑의 무명(無明)세계에서 뛰쳐나와 모든 사물을 일목요연하게 볼 수 있듯이, 광명의 세계인 일체색신 삼매를 얻으면 마치 개안(開眼)후 사물을 보듯이 빙의령을 감지하고 또 나아가 영가를 천도시킬 수 있는 법력이 나타난다.

이처럼 고신도(古神道)란 인간이 신(神)으로 되돌아갈 수 있는 인류 최고의 수행법이다.

그 핵심적인 관법은 성령의 빛을 증폭시켜 무명의 카르마와 그에 따른 인연이 깊은 영가를 천도시킬 수 있는 지장보살의 법력(法力)인 것이다.

3)주화입마

명상의 방법이 하나의 체계로 정리되어 있지 않고 제각기 다르게 설명되어 있어서 어떤 식으로 실행에 옮겨야 할지 좀체 쉽지가 않다. 기도나 참선 역시 자기가 소속되어있는 종단의 우월성을 지나치게 강조하여 심한 경우에는 이전투구(泥田鬪狗)의 모습으로 비춰지기도 한다.

인간은 언제나 나약한 존재로서 신(神)에게 기대고 싶어 하고, 가까이 다가서고 싶어 하지만 그 방법을 찾기란 만만치 않다. 오히려 잘못된 정보의 명상이나 삿된 외도(外道)의 경전(經典), 그리고 그들이 쓴 글들은 악령의 파장, 그 자체다. 그들에게 심취하면 본인도 모르게 오염되어 인체의 경혈과 경락이 막히게 된다.

한의학에서는 육체의 기혈(氣血)순환이 건강의 지상과제이다.

그러나 저급령의 파장은 인체의 안전장치인 경혈을 막아 무당의 하수인으로 전락시켜 종국에는 정기(精氣)를 모두 빼앗아 육신을 황폐화시킨다. 특히 맹신으로 빠져들면 시간과 금전적인 피해는 말할 것도 없고 개인적으로나 사회적으로도 큰 문제를 야기 시킨다.

저자가 다음과 같은 경험을 한 적이 있다.

다급한 친구의 전화 목소리가 예사롭지 않음을 알고 흥분을 가라앉히고 냉정을 유도했지만 막무가내로 자동차를 보낼 테니 자기 집으로 와 달랜다. 죽마고우인 친구의 청이니 거절할 수가 없어 무려 한 시간 반을 달려 도착했다.

대문을 들어서자마자 냅다 땡고함이다.

"나를 죽이려고 왔다! 나를 잡으려고 왔다"!

발광하는 모습과 그에 대처하는 가족들의 모습이 마치 전쟁터를 방불케 한다

"방금 119구조대가 달려와서 애들은 방에서 구했다".며 한숨을 내쉰다.

'사연인즉 노처녀인 여동생이 5,6개월 전부터 단전호흡을 가르치는 선원(禪院)에 열심히 다녔다. 그런데 "고모가 요즘 들어

서 조금 이상해 졌어요"라며 걱정하는 부인의 말을 그냥 대수롭
지 않게 넘겼다.

그리고는 한밤중에도 기도인가 단전호흡인가를 한다며 무슨
주문 같은 것을 외우고 또 이상한 몸짓으로 춤을 추는 듯 하는
데 예전과 같지 않더라는 것이다.

마침 오늘 아침, 시집간 막내 여동생이 자기언니가 걱정이 되
어 애들과 함께 친정에 다니러왔다. 헌데 그게 문제였다. 유치원
생인 조카애들에게 귀신이 붙었다며 자기 방에 가두고 몇 시간
을 주문을 외우고 난동을 피웠다.

가족들이 아이들을 구하려고 방문을 열려 해도 어떻게나 힘이
강한지 도무지 열수가 없어 119에 구조를 요청하여 방금 막 장정
들 두 서넛이 붙어서 간신히 해결했다고 한다.'

"도대체 무슨 영문인지 모르겠다"며 친구와 가족들 모두가 얼
이 빠져있었다.

저자가 발광하는 상태를 다스리기 위해 가족들에게 몇 가지
귀신 쫓는 준비물을 요청했다.

싸리비와 복숭아 나뭇가지를 준비 시켰는데 동네 할머니가 잎
이 넓은 나뭇가지를 함께 주문해서 이미 마련한 상태라 환자의
전면부를 사정없이 골고루 매섭게 내리치도록 하였다.

복숭아나무는 귀신을 쫓아내는 효능이 있어 제사상에는 올라가지 못하는 과일이며, 대나무 과의 싸리비는 기(氣)를 발산하는 영험한 식물이다. 그리고 잎이 넓고 무성한 나무는 피부를 파고드는 매질에 심한 상처가 나지 않도록 막는 역할을 할 수 있다.

살갗에 엷은 피멍이 들도록 매질을 하면 아픈 통증에 바른 정신이 들기도 하지만 또 다른 이유는 경혈을 마사지하는 효과가 탁월하여 기혈(氣血)을 열 수 있기 때문이다.

경혈이란 성령의 통로이며 한의학의 치료점이기도 하다.

악령의 기운이 두뇌의 경혈을 막아 일어나는 정신질환은 미친개 잡듯 몽둥이로 후려 패는 것이 아니고, 인체에 분포되어있는 경혈을 마사지 하듯이 좀 따끔하게 타격하는 것이 효과가 크다.

아프다고 비명을 지르는 것이 정신이 돌아오는 모양이다. 그런데 벌써 끈적끈적한 불가사리 비슷한 형태의 빙의령이 저자의 백회혈을 막으려고 아등바등 거린다.

빙의령이 끈적끈적한 아교모양의 막을 만들어 경혈을 막아보지만 수행자의 밝은 빛의 섬광에 스르르 녹아내리니 용을 쓰며 다시 달라붙는다. 시간이 지날수록 갑갑함이 느껴지는 것이 빙의령의 정체가 예사롭지가 않았다.

발바닥 용천혈에도 침을 시술했다.

오행침을 양쪽으로 깊이 시술하고 간간히 자극을 지속하니 완전히 정신이 돌아온 것 같다. 용천혈은 용맹스러운 기운이 솟아나오는 샘으로 두뇌부의 질환인 천병(간질병)에 특효혈이며 빙의(憑依)에 의한 정신병에도 탁월하다.

본정신이 돌아오는 것을 기다려 감식초를 권했다.

두뇌는 간(肝)의 경혈이 관리하는 탓에 간, 담은 오행상의 목(木)이며 그에 소속된 신맛의 묽은 감식초는 기혈을 열어 그와 관련된 장기의 기능을 활발하게 운기(運氣)시킨다.

이처럼 초(超)자연계(自然界)는 잘못 발을 디디면 엄청난 재앙인 주화입마가 언제나 따라다닌다.

다음은 수행자가 지켜야 할 주의 점을 정리한 것이다.

① 의념이나 자기 최면식의 수행기법은 마귀를 불러들일 수 있다.

② 기무나 자발동공 등을 포함함 무드라는 무당의 짓이다.

③ 주문이나 신비주의는 마왕의 에너지이다.

④ 조상령의 천도제를 유독 권하는 단체는 사이비에 가깝다.

⑤ 관세음보살의 은덕이나 성모마리아의 은사를 받았다고 하지만 평범치 않는 행위는 접신의 소유자이다.

4) 학마(學魔)와 거지귀신들의 출몰

학교를 잘 다니고 있던 애가 갑자기 학교 가기를 싫어한다. 그리고는 엉뚱한 요구를 내세우며 예전과 같지 않은 행동으로 우울증에 빠지면 부모(父母)의 마음은 일파만파의 충격으로 그만 정신이 아득해진다.

특히 사춘기 청소년 시절의 무조건적인 반항심은 누구나 한번쯤은 경험을 한다. 그러나 도가 지나친 반항심은 자식을 하늘 아래 무엇과도 바꿀 수 없는 보물로만 여겨온 부모님들을 절망의 늪에 빠지게도 한다.

그러나 이것 역시도 빙의령의 장난이다. 부모의 지나친 보호와 기대는 당사자 본인에게는 엄청난 무게로 다가와 어리석은 생각을 일으켜 잘못된 역(逆)에너지, 즉 빙의령(憑依靈)을 불러들인다.

집안에서 일어나는 충격적인 우환들 역시 역(逆)에너지의 작용이다. 이 또한 평소에 작은 일에도 만족할 수 있는 평상심을 길러 마음의 여유를 찾을 수 있으면 모든 문제가 해결될 수 있다.

마음의 여유란, 성스러운 기운으로 사랑이며 자비이다.
항시 이웃을 내 몸과 같이 사랑할 수 있는 마음이면 절대로 악령이 달라 들 수가 없다. 자녀의 엉뚱한 행동이 가벼운 증상이라면 부모님의 한결같은 사랑으로도 충분히 치유가 가능하다.

한약(漢藥)의 처방에도 귀신을 쫓아내는 탕(湯)이 사용된다.
일련의 우울증환자와 동일한 목표로 사용하는 탕제로 치료 효과가 탁월한 편이다.
심장이 두근거리고 목에 이물감이 있으며 가슴이 답답한 이들에게 사용하는 반하후박탕, 고3병을 목표로 하는 가미귀비탕 등이 그 대표적인 처방이다. 환자로 하여금 기(氣)의 유통을 순조롭게 하여 숙면을 취할 수 있게 하는 한방의 신경안정제이다.

잠의 정의는 휴식이지만 또 다른 측면에서는 잠자는 동안 기운(氣運)이 축적되면서 피로와 함께 역에너지를 퇴치한다. 그래서 숙면 이후에는 활기가 되살아나게 된다.
한의학에서는 간(肝)의 허실(虛實)이 잠을 좌우한다.
간이 허(虛)하면 잠이 무지하게 오고, 간이 실(實)하면 불면증에 걸리게 된다.
불면증은 간(肝)의 병이기도 하지만 영(靈)적인 장애가 대부분이다. 잠을 자지 못하면 손기(損氣)가 되어 저급령의 침입을 막지 못하여 정신분열증을 일으키거나 미치광이가 된다.

또 다른 경우는 우연히 동행하여 접근한 교회의 가면을 쓴 사이비 집단에 의한 중독 현상이다. 가끔 매스컴에 사이비 종교의 피해자나 그의 가족들의 절규가 소개되고 있다.

신앙의 자유가 존속하는 한, 사이비 종교라 해서 형사사건에 연류 되지 않는다면 단속의 대상이 되지 않는다. 그러나 그 병폐는 도를 넘어 맹신(盲信)이 사회에 끼치는 악영향은 이루 말할 수가 없다.

중세기 유럽의 마녀사냥은 무조건 화형을 원칙으로 하는 까닭에 사연도 많지만 근묵자흑의 원리원칙을 지키는 형벌이다. 검은 먹과 함께 하면 자연적으로 검게 되는 탓으로 마녀는 마녀를 확대 재생산하기 때문이다. 무심코 읊조리는 주문 같은 기도, 그리고 사이비 종교의 지침서에는 마귀의 에너지가 연결되어 있음을 잘 알아야한다.

최근에 인기를 누리는 불경의 '방하(放下)착'을 자기최면식으로 해석하여 일가를 이룬 수행단체의 기법 또한 음(陰)공부의 대표적인 것이다. 마음에서 일어나는 모든 생각과 번뇌를 어떤 한 곳에다 놓는다거나 혹은 던진다는 수행법은 생각이 작거나 깨달음의 욕구가 적은 이들에게는 별스러운 반응이 없다.

허나 식자(識者)들이나 구도의 열망에 불타는 이들에게는 엄청난 파워를 선사한다.

이는 그 수행의 기법이 기상천외하게 뛰어나서가 아니라, 본인의 지식의 에너지와 깨달음을 갈망하는 에너지가 자가(自家)폭발한 탓이다.

이것은 마치 등유의 화력인가 혹은 가솔린의 폭발인가의 차이점이다.

외도(外道)란 불전(佛典)의 무념무상(無念無想)을 접어두고서 두뇌의 소견으로 일으키는 자기최면의 술법을 총칭한다.

정신계는 눈에 보이지 않는 세계로서 일반인은 전혀 가름할 수 없는 악령의 에너지로 넘쳐나고 있다. 섣불리 잘못 들어서면 종국에는 정기를 소모하여 폐인이 되고 만다.

주화입마란 잘못된 명상의 기법에 연유하여 저질러진 자기 최면요법인 음(陰)공부의 부산물임을 인식해야한다. 언론에서까지 사이비교단으로 몰고 있는 모 종교단체는 한마디로 말하면 무당의 집단이다.

무당이라고 나쁜 것은 아니지만 그곳에서는 조상의 제사를 가장한 내림굿의 빙의령을 접신(接神)시키고 있다.

내림굿이 문화재로 등록되어 장려하고 있는 현실에서는 누구를 탓할 수도 없지만, 사이비교단에 빠져 학업을 중도포기하고 맹신(盲信)집단에 놀아나는 당사자가족의 입장이 되면 절대로 간과할 문제가 아니다.

국내 최고의 S대 미술학부를 졸업하고 유학을 계획하던 재원의 고명딸이 사이비교단에 빠져 대학원 등록금까지 교단에 갖다 바치고, 이제는 노력 봉사를 한답시고 가출한지 오래되었다.

청천(靑天)하늘에 날 벼락을 맞은 집안 식구들은 다행히 수소문 끝에 활동하는 장소를 찾아서 가까스로 귀가는 시켰지만 온 집안에 수심이 가득하다.

누군가는 산(山)탈이 났다고 하여 천도제도 지내고, 절에 가서 불공도 드렸지만 당사자의 몸은 집에 있어도 마음은 콩밭에 가 있었다.

"집안의 조상들을 모두 좋은 곳으로 천도를 시켜야 하는데 부모님이 그 중요한 일을 방해하고 있으니 안타깝기 짝이 없다"며 오히려 적반하장이다.

본회(本會)를 방문한 부모의 수심 가득 찬 모습에 동행하여 자택을 방문하였다.

가족들의 방을 차례로 둘러본 결과 온 집안이 귀신의 놀이터이다. 특히 문제의 딸애 방에는 머리가 벗겨진 초로의 키 작은 빙의령이 자리를 차지하고 있었다.

이만저만한 귀신의 집단이 아니다.

영(靈)이라는 것은 불러들이면 온 마당이 질펀하지만 거절하고 무시할 수 있는 힘만 있다면 얼마든지 쫓아낼 수 있고 이길 수도 있다.

당사자가 빙의령을 퇴치하겠다는 의지가 있어야만 효력이 나타난다. 그렇지 못할 때는 소용이 없다. 마치 커튼을 펼쳐 햇빛을 막는 것처럼 어둠을 선호하면 귀신을 불러들이게 된다.

낙심한 부모님께 차선책을 알려주었다.

본인이 아니라도 식구 중에 누구 한사람이라도 수행을 하면 나쁜 기운인 빙의령을 몰아낼 수 있다. 오늘의 일도 어쩌면 하늘의 뜻일는지 모른다며 고신도(古神道)수련을 권했다.

다행히 깊은 이해와 사랑으로 지금은 두 분이 함께 열심히 수행에 용맹정진하고 있다.

그러나 수행시(修行時)마다 매번 집단의 빙의령을 몰고 다니니 저자는 무척이나 괴롭다. 얼마나 많은 빙의령을 데리고 오는지 그 분들이 수련장에 도착하기 한 시간 전부터 머리가 띵하고 아프다. 귀신들이 먼저 알고 총 집합하여 너도나도 할 것 없이 따라온다.

어느 날 함께 명상에 들어갔다. 화면이 나타난다.

'머리를 풀어헤친 남루한 옷차림의 중년여인들의 행렬, 그리고 거리를 떠도는 걸인의 모습까지 하여튼 한 무리의 배고픈 빙의령(靈)들이 벌써 날아와 천도되기를 기다리며 허공을 맴돌고 있었다.' 이윽고 천도되며 하늘나라로 떠난다.

일구월심 자녀를 사랑하는 부모의 마음이라 수행에 탄력이 붙는가 보다.

"요 근자에 가슴이 매우 답답한 경우가 자주 있습니다."며 하소연이다.

외갓집으로 임시 거처를 정한 딸애와의 전화통화만 하여도 가슴이 막혀오는 것을 보니 법력이 생겨 빙의령의 천도능력이 향상된 듯하다.

함께 앉아 선정에 든다. 매번 다른 모습의 집단 빙의령이 줄을 서서 차례를 기다리고 있다. 상대의 가슴에 빙의된 영(靈)의 모습이 드러난다.

"장례식이 끝나고 상여(喪輿)가 나간다. 그 뒤를 따르는 만장을 든 한 무리의 빙의령이 끝없이 천도되어 간다."

매번 다른 모습의 집단 빙의령이 줄을 서서 차례를 기다리고 있는 듯하다

5)조상령

인간이 도(道)를 구해야 하는 원리를 부처님께서는 고집멸도(苦集滅道)의 사성(四聖)제를 가지고 설명하셨다. 이는 고신도(古神道)수련에서 연정화기, 연기화신, 연신환허, 환허합도의 경지와 맥을 같이 하는 것으로 한 집안에 도인이 출몰하면 오대(五代)가 극락왕생의 자비의 은덕을 입는다.

후손들의 정성으로 조상의 덕(德)을 추모하는 제삿날에는 조상의 영혼이 나타난다. 자손 중에 깨달음을 얻은 수행자가 있어 천도능력을 갖추게 되면 그 날만은 어김없이 모든 조상의 영(靈)들께서 찾아온다.

산뜻한 옷차림이거나 살아생전에 즐겨 입던 차림새로 모습을 드러낸다.

예를 들어 언제나 분신처럼 즐겨오던 사이클과 함께 만면에 웃

음 띤 사이클 선수차림의 모습으로도 나타나 천도됨을 증언한다.

어느 날 수행(修行)중 삼매에 들어 있을 때, 한 무리 여자모습의 조상령(祖上靈)들이 한 줄 나란히 모습을 나타내며 차례로 하늘나라로 날아간다.
저자는 처음 겪는 영적인 일이라 도대체 나하고 어떤 관계의 여자 분들인가 하고 관(觀)을 더욱 깊이 집중하였다.

"당신들은 누구요?" 하며 텔레파시로 물어본다.
처음 부인은 어떤 몸짓으로 자기를 나타내는데 누구인지 가름할 수 없었지만 다음차례의 모습은 알 수 있을 것 같았다.

한복 차림의 너울너울 춤추는 모습이 작은 고모님인 듯하다.
예쁜 미소를 지으면서 하늘나라로 간다. 평소 즐거울 때면 항시 예쁜 춤사위로 애교만점의 고모님이었다.
다음의 부인도 결혼이후 악성관절염으로 양다리를 쓰지 못하고 앉은뱅이로 삯바느질을 하던 큰 고모님의 모습이다. 누이의 고질병을 치료하려고 수많은 약국의 의원들과 교류를 하던 부친의 생전모습을 어린 시절 어렴풋이 기억하고 있다.
또 다음 부인은 어떤 표현으로 자기를 밝히는데 본인의 기억에는 없지만 조상의 영(靈)인 듯하다.

이렇게 하여 집안의 조상령(祖上靈)들이 한번에 모여서 극락 왕생하는 화면이 연출되었다.

이와 같이 고신도 수련을 통해 천도능력을 갖추게 되면 친가(親家)와 외가(外家)를 총망라하여 유명(遺命)을 달리한 조상들을 미망의 굴레인 중음신에서 다음 계제로 천도시킬 수 있는 능력이 생겨나고 그 화면을 직접 볼 수 있다.

"비구들이여!

사람은 네 가지 성스러운 진리인

사성제의 의미를 잘 이해하지 못하고

그 깊은 뜻에 도달하지 못하면,

이 세상에서 저 세상으로 한없이

미망(迷妄)된 생존을 반복하여 머물 곳이 없느니라.

그럼 네 가지 성스러운 진리란 무엇이겠는가?

그것을 이제부터 차례로 설하리라.

비구들이여!

이 세상은 '괴로움'이라는

성스러운 진리(苦)를 이해하지 못하고,

그 깊은 뜻에 도달하지 못하면,

사람은 이 세상에서 저 세상으로

한없이 미망된 생존을 반복하여

머물 곳이 없느니라'.

　다음에 비구들이여!

'괴로움의 원인이라는

성스러운 진리(集)를 잘 이해하지 못하고

그것의 깊은 뜻에 도달하지 못하면,

이 세상에서 저 세상으로 한없이 미망한 생존을 반복하여

머물 곳이 없느니라'.

마찬가지로 비구들이여!

'괴로움의 원인의 멸진(滅盡)이라는

성스러운 진리(滅)를 잘 이해하지 못하거나

괴로움의 원인의 멸진(滅盡)으로 인도하는

성스러운 진리(滅)를 잘 이해하지 못하고

이것의 깊은 뜻에 도달하지 못하면,

사람은 이 세상에서 저 세상으로

한없이 미망(迷妄)된 생존을 반복하여 머물 곳이 없느니라'.

반대로 비구들이여!

　'괴로움이라는 성스러운 진리를 잘 이해하고,

　그것의 깊은 의미에 도달한 사람,

　혹은 ' 괴로움의 원인이라는 성스러운 진리,

　괴로움의 멸진(滅盡)이라는 성스러운 진리,

　괴로움의 원인의 멸진이라는 성스러운 진리,

　괴로움의 원인의 멸진으로 인도하는 성스러운 진리' 를 각각 이해
하고

　그것의 깊은 뜻에 도달하는 사람은

　생존에 대한 갈애, 생존의 원인이 되는 것을 단절하고,

　다시 미망된 태어남(生)을 받지 않느니라.

- 대반열반경 -

6) 심포 · 삼초경의 비밀

　인체의 장부를 5장6부로 설명하지만 한의학에서는 눈에 보이지
않는 무형의 장부인 심포, 삼초를 포함하여 6장6부로 묘사한다.

　심포는 해부학 상 존재하지 않는 장부이다. 그래서 이 경락을

유명무형(有名無形), 이름은 있으나 형체는 없다고 하기도 하고, 유용무상(有用無相), 즉 쓰기는 하는데 형상은 없다고 표현하기도 한다.

한때 일부 한의학에서는 심포(心包)를 심장을 둘러싸고 있는 막이라고 해석하는 우(遇)를 범하기도 하였다.

심포경은 중지(中指)의 손톱에서 안쪽으로 흐르는 경락으로 기억의 저장창고이며, 삼초경은 4지(指)의 끝에서 시작되는 것으로 인체의 망각의 조절기관이다.

또 심포는 비만을 유도하고, 삼초는 병적인 갈비씨를 유발시킨다.

고신도 수련에서는 수행자의 마지막 체험으로 12경락 중 최후로 개혈되는 경락으로서 팔의 안쪽과 바깥쪽으로 유주하고 있다.

심포,삼초에 병이 들면 백치나 치매의 기억 상실로 이어진다.

치매란 육신이 적당하게 기억하고 또 망각해야하는데 그렇지가 못할 때 일어난다.

미국의 전대통령 레이건이 노인성 치매인 '알쯔하이머병' 을 앓게 된 이유는 엄청난 지적인 혼란에서 발생한 것이라고 미(美)의학계에서는 추측하고 있다.

모든 기억을 잃어버리는 치매나 그 반대로 필요 없는 기억이 빙의령을 불러들이는 현상 역시도 심포,삼초의 이상(異狀)에서 오는 것으로 보아야한다.

다음의 일례를 소개한다.

뇌졸중으로 반신불수가 된 체육관 선배님이 방문했다.

집안의 내력이 고혈압이라 풍(風)을 맞을 수밖에 없다는 말씀이지만 마주 앉으니 중단(中丹)이 막혀온다. 선배님과 일상의 대화를 나누면서도 관(觀)을 놓지 않는다. 막혀있는 중단(中丹)을 관하니 가슴의 빙의령이 모습을 나타내기 직전이다.

"선배님 잠시 눈을 감고 깊게 단전호흡을 하세요." 하며 명상을 유도한다.

가슴에 머물던 빙의령이 자태를 드러낸다. 나이 많은 할머니 모습이다.

선배님의 모친인 듯하다. 잠시 후 영혼은 깨끗한 한복차림으로 천도되어간다.

"고맙습니다"하며 몇 번의 경의를 표하면서 하늘나라로 너울너울 춤추듯이 날아간다.

"방금 모친께서 천도(遷度)되셨습니다."

“……”

선배는 모친의 영혼을 보내고 나서 무척이나 시원섭섭한 표정이다.

“천도되는 게 좋은 것은 확실하지?”하며 물어온다.

“그럼요, 이승과 저승이 다른데 영혼이 쉴 자리는 따로 준비되어있으니 누구라도 갈 길을 가야하지요!”

항시 가슴이 답답하더니만 이제 시원해진 것 같다며 “휴!”하며 한숨을 내쉰다.

나이 오십에 가까워 낳은 유일한 아들인 막내를 끔찍이도 사랑하던 어머니! 이승을 하직하고 나서도 그 영혼은 항시 미련이 남아 외아들의 가슴에 흔적을 남기고 있었다.

그리고 본인 역시도 모친을 그리워하는 효심이 누구보다 강하여 일흔이 가까워진 지금도 항시 모친 이야기만 하면 눈물을 글썽인다.

흔히 살아생전 자신을 유별나게 귀여워하여 불면 날아갈까, 쥐면 꺼질까 애지중지하시던 부모님에 대한 추억이 새롭다. 그래서 살아오면서 항시 부모님의 애틋한 정이 사뭇 그리워진다.

이처럼 조상을 기리고 흠모하는 전통이야 나무랄 수 없지만 지나치게 생활 속에 깊이 남아있으면 그 분들의 영(靈)이 떠나지 못해 자손의 육신에 깃들여 빙의(憑依)가 된다.

그러면 생전에 가지고 있던 고질병을 자손에게 고스란히 접목시키는 빙의령이 되어 말썽을 일으키기도 한다.

흔히 유전학 상으로 알려져 있는 가계(家系)의 유전병의 일부도 영적(靈的)으로 표현하면 조상의 빙의령 탓이다. 선대(先代)가 심장병으로 돌아가셨으면 심장병을 일으키고, 위장이 불편했던 조상령은 자손에게 빙의되어 위장병을 일으키기도 한다.

또 다른 구업(口業)으로 생긴 조상이 빙의된 경우의 환자이다.

항시 뒷목이 뻣뻣하여 스트레스 때문에 생긴 병이라고 지레짐작하며 병원을 들락날락하던 환자가 수술 날을 받아놓고 본회(本會)를 방문했다. 환자의 동생이 본회 회원으로 경추 디스크도 기공치료가 가능하다며 우겼고, 본인 역시도 수술의 두려움이 앞선 탓에 기대를 하지 않을 수 없는 입장인 듯하다.
마주 앉자마자 경추의 3번과 4번이 많이 어긋나 있어 통증이 대단하였으며 조상인 듯한 영(靈)이 뒷목을 타고 있는 화면이 보인다.
눈을 감고 집중을 유도한다.

"머리에 비녀를 하고 얼굴에 주름이 많은 할머니가 보이네요. 목마를 하듯 뒷목에 타고 있군요. 이 할머니는 누구세요?" 하며 모습의 이모저모를 설명했다.

환자의 외할머니 생전(生前) 모습과 같다.

외할머니께서는 무남독녀인 모친과 가까이에서 일생을 함께 지내셨단다. 늘 혼자이신 외할머니가 가련하여 내가 어른이 되면 외할머니 제사를 본인이 모시겠다는 약속으로 귀여움을 독차지하였었다. 그런데 양자(養子)이신 아저씨가 제사를 지내고 있어 약속을 지키지 못하였다는 환자의 설명이다.

경추의 왜곡은 잘못된 자세나 순환기계통의 질환으로 현대의학은 설명하고 있지만, 이것 역시 영적인 차원에서 바라보면 빙의령에 의한 경혈의 막힘이 원인의 대부분이다.

이러한 정형외과 부분의 경추나 요추의 질환도 고신도(古神道)수련을 통해서 완전한 치료가 가능하다.

5장. 명상의 실체

5장. 명상의 실체

먼저 할 일을 맨 먼저 하라!
노는 것보다 일하는 것이 먼저이고,
즐기는 것보다 의무가 먼저이고,
나 자신보다 남이 먼저이다.
수행이 우선이다.
이것이 초발심(初發心)을 잃지 않는 훌륭한 방법이다.

'시작이 반이다'
훌륭한 초발심(初發心)은 성공한 것이나 마찬가지다.
육상선수가 출발을 잘못하면 좋은 기록을 낼 수 없고,
장사꾼이 시작을 그르치면 신망을 잃을 것이다.

진리를 구하는 자(者)가 초발심을 잃으면 아마도 고결함의 왕관은 포기해야 할 것이다.

순수한 생각과 올바른 태도,

이기적이지 않는 훌륭한 목적과 부패하지 않는 양심으로 시작하는 것, 이것이 올바른 수행의 시작이다.

그리고 이것이야말로 첫 번째로 해야 할 일이다.

그리하면 다른 모든 것들은 자연스레 따라 올 것이다. 수행의 삶을 단순하고 아름답고 성공적이며 평화롭게 만들어 줄 것이다. 진아(眞我)는 카르마에 둘러싸인 본성(本性)을 간절히 원하고 있다.

"너희는 먼저 하느님의 나라와 하느님께서 의롭게 여기시는 것을 구하여라.

그러면 이 모든 것도 곁들여 받게 될 것이다.

그러므로 내일 일은 걱정하지 말아라.

내일 걱정은 내일에 맡겨라.

하루에 괴로움은 그 날에 겪는 것만으로 충분하다."

– 마태오 7:33 –

1) 고신도(古神道)만이 카르마를 지울 수 있다.

가까운 친구나 친척의 죽음을 맞이하면 우리는 인간의 연약함과 무기력함에 털썩 주저앉게 된다. 죽음은 인간이 상대하기는 너무나 힘겨운 상대라 지연시킬 방법도 없고 달아 날수도 없다.

"인간은 어디에서 왔다가 죽은 후에 어디로 가는 것일까?
도대체 나는 왜 태어났을까?
인간으로 태어나는 것만이 정말 행운이었을까?
혹은 나는 누구인가?
과연 윤회란 있는 것인가?"

이렇게 가지가지의 망상이 꼬리를 물고 일어나면 상념은 점점 미궁의 늪에 빠지게 된다.생로병사(生老病死)의 강줄기에서 죽음의 의문을 풀어낼 수 있는 해답이 곧 수행이며 신(神)의 영역으로 종교의 시작이다.

석가 고타마가 보리수아래서 깨달음을 얻어 부처님이 되셨고, 나자렛 예수가 황야의 40일간의 고행의 길목에서 하느님의 자랑스러운 아들인 그리스도로 거듭나셨다.

모든 창조의 능력자이신 하느님이 인간을 만드실 때 하느님의 모습을 본(本)따서 그대로 만드심을 성서(聖書)를 통해 익히 알고 있다.

그리고 '우리 몸 안에 성전(聖殿)이 있고 그 안에 하느님이 거(居)하시고', '인간은 누구나 부처님이 될 수 있는 불성(佛性)을 가지고 있음'을 친절하게 설명하신다.

허나 인간의 생각으로는 설마 내 몸 안에 하느님이 거하신다는 확신이 서지 않는 것이 당연하다. 영원한 생명보다는 눈앞의 이익이 먼저 떠오르고, 영혼의 속삭임 이전에 육신의 유혹에 먼저 몸과 마음을 움직이게 된다.

인간은 신의 부림에 의해서 만들어지고 움직여지는 것이 아니라 인간이라면 누구나 성불(成佛)할 수 있도록 만들어져 있다. 과거불도 천불이요, 현세불도 천불이라, 미래겁에도 천불(千佛)이 나오심을 경전에서 설명하는 것은 성불(成佛)의 의미를 새삼 전하는 것으로 해석해도 좋을 것 같다.

그리하여 지구의 생활이 성불(成佛)의 학습장으로 쓰여 지고 있음을 먼저 확신해야 한다.

더구나 우리는 나라에서 본래부터 전해오는 수행법이 있으니 그것이 바로 현묘지도인 고신도(古神道)이다. 고신도란 신선도의 옛 이름이다. 신선(神仙)은 불로불사(不老不死)의 상징이며, 살아있는 신(神)의 우두머리이며 성인(聖人)중의 성인이시다.

고신도 수련은 생자필멸의 법칙을 초월하여 나고 죽음이 없는, 시작도 없고 끝도 없는(無始無終) 신선이 되는 길을 명확하게 일러준 비기(秘技)인 것이다.

고신도는 그 어떤 종교나 철학의 논리를 능가하며 인간의 근본 무명인 업장(카르마)을 소멸함으로써 사람으로 하여금 스스로 해답을 얻을 수 있도록 하는 인류역사상 유일무이한 수행법이다.

그러나 너무 평범한 수행법으로 오인되어 모르는 이도 없고, 그렇다고 아는 이도 없는 무주공산의 도법(道法)으로 전해온다.

그렇지만 그 위력은 타(他)종교의 어떤 수행과도 견줄 수 없는 신통력과, 공(空)의 도리인 홍익인간과 제세이화의 원대한 왕국이 자리 잡고 있다.

인간의 삶이 종족보존의 사명을 짊어진 탓에 가정(家庭)은 필수이며, 생활비도 벌어야하고 그러기 위해서는 사회성을 발전시켜야 한다. 사회성이란 곧 시간과의 조율이다.

사회성을 높이기 위해서는 산중생활이나 기도만 하는 수도원에서는 불가하다.

그런 연유로 재가(在家)수행자는 언제나 마음속에 한계를 가져 견성득도를 한다는 것은 불가능함을 항시 아쉬움으로만 토로하게 된다.

그러나 고신도(古神道)수련은 생활 속의 도(道)로서 생활이 곧 수행이며, 깨달음의 연속이 된다. 육신의 한계와 생로병사의 강물에 내동댕이쳐진 허약한 모습이 아닌 활기로 가득 찬 강건한 수행자가 될 수 있다.

근자의 신문에 경찰고위직의 한 분이 불가(佛家)에 귀의를 목적으로 명예퇴직을 신청하였다하여 장안의 화제였던 적이 있다. 이 몽진 세상에 들리는 청량한 소식이 아닐 수 없다.
장래가 보장된 직책도 마다하고 출가를 결심한 구도심(求道心)에는 머리가 숙여지는 듯하나 알고 보면 하나만 알고 둘을 모르는 우(愚)를 범하는 같아 안타까운 마음이 든다.

출가의 목적이 집을 떠나고 싶은 도피가 아니고 깨달음에 있다하면 진리를 찾아가는 방식에 다소 문제가 있다고 생각한다.
왜냐하면 깨달음을 위해서는 출가(出家)가 우선이 아니라, 수행이 먼저임을 알아야한다. 또 수행의 근본목적은 불경의 독파가 아닌 카르마의 해소에 있기 때문이다.

저 옛날 영신화상에서 일이다.

한 번은 흑씨범지가 부처님을 찾아뵈었다.

그의 두 손에는 꽃이 활짝 핀 오동나무를 한 그루씩 뿌리 채 뽑아서 들고 있었다.

범지는 수행을 통하여 이미 오신통(五神通)을 갖추고 있었던 것이다.

이를 본 부처님은 말씀하셨다.

"놓아라"

그는 오른 손에 쥔 꽃을 땅에 놓았다.

부처님은 또 "놓아라" 하신다.

이번에는 왼손의 꽃을 놓았다.

그러나 부처님은 또 "놓아라" 하신다.

어리둥절한 범지는 부처님께 여쭈었다.

"저는 아무것도 갖고 있지 않사온데 무엇을 또 놓으라 하십니까?"

부처님께서 말씀하신다.

"선인(仙人)아, 내가 놓아라 한 것은 그대의 손에 든 꽃을 놓아라 함이 아니라,

그대가 안으로 6근을 놓고, 밖으로 6진을 놓으며, 중간에 6식

을 놓아 가히 놓을게 없는데 이르게 되면 그때가 그대가 생사(生死)에서 벗어나는 때 이니라"

범지는 이 말씀을 듣고는 즉시에 자기의 본성을 깨달았다.

불전(佛典)에 이르기를 업장이란 원래 없던 것이다.
이는 거울에 낀 때를 벗기는 것이 아니고 '본래무일물(本來無一物)'이라 거울 자체가 없던 것이다. 그러나 업장인 때를 벗길 수 있는 높은 경지를 갖춘 관법을 완성해야만 비로소 '본래무일물'임을 알게 된다.

2) 카르마(업장)의 구조

동양철학은 음양오행을 기본으로 한다. 카오스인 무극(無極)에서 코스모스인 태극(太極)의 음양(陰陽)으로 나누어지고 이것이 음양중(陰陽中)으로 연결되면서 목화토금수인 오행(五行)으로 각자의 에너지인 기운을 타고 현상계의 모습으로 나타난다.
눈에 보이는 모든 사물은 모두 음(陰)과 양(陽) 그리고 오행(五行)으로 분류되어 그 탄생의 비밀을 감추고 있다.

인간의 출생 역시 태어나는 일시(日時)가 네 기둥인 사주(四柱)로 각인되어 미래의 길흉화복을 미리 예견할 수 있는 명리학(命理學)이 오랜 시간을 통하여 연구 발전되고 있다.

동양의학은 동양철학에 근간을 두어 병의 진단과 치료 역시 음양오행에 기초를 두고 분류되고 있어 현대과학의 입장에서는 별로 미더워하지 않는 게 사실이다.

현대의학의 리더로 자처하는 미국이 중국의 침술을 받아들이기까지에는 그들 나름대로의 과학적인 사고(思考)가 뒷받침되었다.

과학이란 신(神)의 영역까지는 밝힐 수 없지만, 눈에 보이는 현상계 외의 신비한 체험도 과학으로 인정할 수 있는 것이 곧 증험(證驗)이다. 과학으로 증명할 수는 없지만 치료의 결과가 실(實)체험으로 나타나는 침술의 효력은 또 다른 과학의 이름으로 인정하게 되었다.

한방(漢方)의서 중 가장 오래된 황제내경에는 신비의 침술과 함께 음양의 근간이 되는 오운육기(五運六氣)를 설명하고 있다.

인간은 태어날 때의 당일(當日)당시(當時)의 오운육기(五運六氣)에 의하여 크고 강한 기능을 가진 장부와, 그렇지 못하고 기능이 약한 장부를 각각 가지고 태어난다.

그것을 다시 풀어보면 목(木)기를 강하게, 화(火)기를 강하게, 토(土)기를 강하게, 금(金)기를 강하게, 수(水)기를 강하게 타고 나는 사람으로 분류할 수 있다. (도면 참조)

	목기인	화기인	토기인	금기인	수기인
강한 장부	간, 담	심, 소장	비 · 위	폐, 대장	신, 방광
약한 장부	비, 위 폐, 대장	폐, 대장 신, 방광	신, 방광 간, 담	간, 담 심, 소장	심, 소장 비, 위

예를 들어 얼굴이 둥근 토(土)형은 토기를 강하게 타고 태어나는데 오행(五行)으로 상극(相剋)인 목극토와 토극수로 간장(肝腸)과 신장(腎臟)의 기능이 선천적으로 약하게 태어나 간(肝)의 질병이나 신장(腎臟)의 병으로 고생하게 된다.

또 토기인은 비장과 위장의 기능은 튼튼하게 태어나 음식을 잘 먹고 소화시키지만 너무 과도하게 사용하여 종국에는 위장병을 반드시 얻게 됨을 유의해야한다.

위장의 장부(臟腑)의 강하고 약함이 체질이며 이것이 곧 카르마이다. 그냥 우연히 나타나는 것처럼 보이지만 그것은 이미 정해져 있는 질병의 게놈 지도로서 카르마의 여러 겹 중의 일부이다. 카르마는 자연계에 해당하는 3단계의 층과 초자연계 3단계의 층, 이렇게 6단계로 분류할 수 있다.

음양의 진실

자연계의 3단계는 큰 어둠의 태음(太陰), 작은 어둠의 소음(少陰), 그리고 마지막 어둠인 궐음(闕陰)이 존재한다.

그리고 초자연계의 3계는 그 속에 잠재해있는 파장의 입자가 고와서 빛처럼 느껴지는 양명(陽明), 소양(小陽)의 카르마와 본성을 싸고 있는 마지막 부분인 태양(太陽)의 카르마가 존재한다.

육신의 몸을 받아 착하고 정직하게 이 세상을 살다 보면 복(福)을 지을 수 있다. 그리고 남을 위해서 보시하는 복(福)을 지으면 처음의 껍질인 태음(太陰)의 카르마가 벗겨진다. 그곳은 심령과학에서 일컫는 아스트랄계로 아수라라고도 불리는 영혼의 세계 중에서 차원이 낮은 곳이다.

흔히 업장이 짙으면 무거운 영혼(중음신)으로 몸이 무거워서 하늘을 날 수 없게 된다. 반대로 영혼의 격이 높아질수록 업장의 무게는 소멸된다. 이것이 수행을 해야 하는 이유로써 영혼이 맑아지면 멘탈계로 지칭되는 소음(少陰)의 카르마를 뛰어넘는다. 그리고 한걸음 더 나아가 고급 수행자가 되면 무명의 마지막인 궐음(闕陰)의 카르마를 해소할 수 있어 지구보다 한, 두단계 높은 영혼의 안식처에서 쉴 수 있다.

카르마는 육신이 가지고 있는 기운과 함께 영적인 파장을 내재하고 있다. 다시 말해 수행을 통하여 기운이 맑아지면 카르마 중의 하나의 층이 소멸되면서 동시에 육체가 건강해지는 이치다. 수행의 목표가 청정이듯이 맑음은 업장을 소멸하면서 영혼의 등급을 올린다. 맑음의 최고 단계는 빛이며 성령이다.

카르마를 다른 말로 전생의 빚이라고 하는 까닭은, 그 업장에 관계되는 전생의 사건들이 갚아야 할 빚으로써 줄을 서서 기다리고 있기 때문이다. 갑작스럽게 닥쳐오는 집안의 우환이나 질병들은 전생의 업장으로써 결코 우연이 아니며, 인과응보의 결과이다. 이것을 동기(同氣)반응(反應)이라고 설명한다.
같은 파장은 동일한 주파수를 가지게 되므로 업장과 같은 무게의 빙의령이 그때 마침 시공(時空)을 초월해 연결되면서 장애를 일으킨다.

남을 위한 무주상 보시가 복덕(福德)은 지을 수 있지만 전생의 빚(업장)은 소멸시킬 수 없다. 업장소멸이 그렇게 쉽게 된다면 굳이 수행으로 공덕을 쌓을 필요는 없을 것이다. 선(善)으로 지은 복덕은 다음 생(生)에 귀하게 돌려받을 수 있지만 이것은 마치 하늘로 쏘아올린 화살처럼 언젠가는 다시 땅으로 떨어진다.

업장소멸의 힘은 집중을 통한 정신통일로 수행의 공덕뿐이다. 그러나 업장 역시도 만만치가 않다. 업장(카르마)은 하나로만 이루어진 것이 아니라 양파의 껍질처럼 한 꺼풀이 벗겨지면 또 다른 꺼풀의 업장이 기다리고 있다.

현대의학에서도 질병의 원인을 스트레스 등의 마음에서 오는 경우를 우선으로 하여 신체의 면역기능을 중시한다. 그러나 영적으로 살펴보면, 질병이란 역기능의 에너지인 악령이 자연(自然)의 흐름인 육체의 메커니즘을 방해하여 왜곡하고 있는 과정일 따름이다.

육신은 생로병사의 카르마중 초기의 낮은 카르마(질병)의 어느 부분까지는 평소의 복덕이거나 혹은 현대첨단의 의술(醫術) 덕분(이것 역시 고가(高價)의 치료비로 복(福)이 있어야 혜택을 받을 수 있다)으로 생명을 연장할 수는 있다.

그러나 그렇게 삶을 영위해 본들 결국은 죽음을 맞이하게 된다. 늙고 병들어 죽을 수밖에 없는 것이 현상계의 삶이다. 다시 윤회의 수레바퀴 안에서 다음 생을 기다리는 미완성의 영혼인 중음신(重陰神)이 되어 구천을 떠돈다.

수행의 목표는 자신 안에 잠자고 있는 진아(眞我)를 찾는 과정이다. 무심의 삼매에서 육신의 청정이 나타나면 진아(眞我)를 싸고 있는 맨 바깥의 무명인 태음(太陰)층의 카르마가 경혈의 이름과 함께 먼저 나타나게 된다.

고신도(古神道)수련에서 경혈이론을 중시하는 까닭은 카르마가 경혈의 내부에 압축 프로그램처럼 차곡차곡 빙의령의 모습으로 자리 잡고 있기 때문이다. 경혈(經穴)은 한 번의 개혈로써 이루어지는 것이 아니다. 수행의 계제에 따라 한 단계씩 6번 개혈되며 그때마다 그곳의 경지를 맛볼 수 있고, 그 힘은 법력의 이름으로 자연스럽게 나타나며 또한 사용할 수 있다.

특히 중단전과 상단전의 개혈은 카르마의 마지막 층으로 껍질이 한 단계 한 단계씩 벗겨질 때마다 점점 본성(本性)을 향하여 한 걸음씩 다가서고 있음을 알 수 있다.

소주천이 될 때 태음의 첫 번째 카르마가 해소되며, 천문(天門)인 백회가 열리면서 두 번째 소음의 카르마를 정복하며, 대주천이 될 때 육체의 마지막 궐음의 카르마가 사라진다.

그리고 상단전(上丹田)의 천목(天目)혈로 불리는 '아즈나챠크라'가 열려야 만이 영혼이 간직한 양(陽)의 카르마를 지울 수 있어 천인(天人)으로 거듭날 수가 있다.

고신도(古神道)수행이 타(他)종교의 수행법을 앞서는 까닭은, 마음공부를 중시한 대중요법의 자기성찰 이전에 몸 공부와 기(氣)공부를 통하여 카르마의 해소를 강조하고 있기 때문이다.

3) 명상(瞑想), 그리고 과학

미국의 유력 시사주간지 [타임]은 03년 8월 '명상의 과학(the Science of Meditation)'을 주제로 한 커버스토리에서 미국 내의 명상 열풍, 그 과학적 근거와 쉽게 따라하는 명상수행법을 전했다.

과거 비과학적이며 무속의 일종으로 매도되었던 동양의 신비가 이제는 '무한 효능이 깃든 과학'이라며 경탄하는 서구의 시각에 놀라울 뿐이다. 명상은 동양문화에 대한 호기심의 차원을 넘어서 의학적인 입증이 속속 이루어지면서 미국전역에서는 동양의 심신수련 단체인 인도의 요가, 중국의 기공(氣功), 일본의 선(Zen), 한국의 단전호흡에 대한 열기가 뜨겁다며 소개하고 있다.

엘 고어 전(前)부통령을 비롯하여 미국내 1천만 명 정도가 명상을 생활화하고 있고, 전 세계 명상의 성지(聖地)로 불리는 애리조나주 세도나에는 일상(日常)에 지친 영혼을 달래기 위해 한해 5백여만 명이 방문하고 있다며 감탄사를 보내고 있다. (참고로 세도나의 인구는 1만5천명에 불과하다.)

또 최근 미국 윈스콘시 대학의 연구진이 정신치료의학 최신호에 발표한 연구 보고서에 의하면 명상이 면역력을 강화시키고 긍정적인 감정을 주관하는 뇌 부위의 활동을 증진 시킨다는 사실을 제시하였다.

연구를 주도한 리차드 다비드슨 박사는 "사람이 갖게 되는 감정 상태에 따라 인체의 면역 시스템의 반응도 달라지게되어 우리의 건강에 영향을 미치게 된다."고 보고 하였다. 이와 때를 같이 하여 심리학자들은 명상(瞑想)이 반사회적 심성을 바로 잡는다고 보고하고 있다.

스트레스 연구의 세계적인 권위자인 존 메이슨은 '스트레스 감소의 길잡이'란 책에서 명상에 따라 마음의 심리상태가 달라지며 명상상태에서는 신체에서 자연치유력의 에너지가 증폭된다고 서술하고 있다.

그러나 아직은 이러한 현상의 에너지 체계인 기(氣)를 과학적으로 설명하고 증명할 수는 없다. 그 이유는 현대과학이 명상에 의하여 일어나는 마음의 미묘한 변화를 측정하거나 정량화할 능력이 없기 때문에 과학적으로 밝혀지지 않을 따름이라고 부연 설명하고 있다.

지난날 비과학적이라는 이유로 무관심 되어 과학의 대상에서 제외되었던 '동양의 신비'가 이제는 서양의 과학적인 입장에서 연구되어 점차 베일을 벗고 있다.
특히 정신과 물질에 관한 상호작용 및 한의학에서 주장하는 생명에너지인 기(氣)를 총체적으로 다르고 있으며, 침을 놓는 경혈과 경락에 대한 인체 반응의 체계를 필두로 심층 깊게 연구하고 있음을 설명하고 있다.

그러나 미국 내의 명상열풍을 실감하는 뉴-스는 수행인의 입장에서는 고무적이지만, 과연 불가(佛家)의 마음법을 소화하고 무상정득정각의 지혜를 이해할 수가 있을지 두렵기까지 한다.

[금강경]에 이르기를 '여래께서 말씀하신 진리는 취할 수도 없고, 말할 수도 없고, 진리도 아니고, 진리 아닌 것도 아니기 때문' 으로 법(法)을 법이라 해도 틀리고, 아니라고 해도 틀림을 진정 그들이 알 수 있을는지 의문스럽다.

도(道)를 수행한다는 것은 상(相)에 주함이 없이 닦으며, 닦아도 닦는 것이 없고, 닦아도 닦는 것이 없이 닦고, 번뇌를 끊어도 끊는 것이 없이 끊고, 끊어도 끊는 것이 없는 '응무소주 이생기심 (응당 머무는 바가 없이 그 마음을 내는 마음)' 의 무위(無爲)의 도리를, 서구 과학자들이 명상의 이름에 포함 시킬 수 있는 능력이 과연 있을까 조바심이 난다.

현묘지도

나라에서 본래부터 내려오는 도(道)가 있으니 그 이름이 현묘지도 (古神道)이다.'

– 고운 최치원의 석벽본 –

현묘지도는 우리 민족의 생성과 더불어 시작된 민족 고유의 심신 수련법이다. 단전호흡을 통한 고신도 수련은 대자연의 에너지인 기(氣)를 운용하여 인성(人性)을 정화하며 대외적으로는 홍익인간 제세이화의 건국이념을 만방에 전파하고, 내적으로는 불로불사의 신선(神仙)의 도를 깨칠 수 있음이 면면이 전해 내려오고 있다.

이러한 기(氣)문화는 기(氣)의 통로인 경혈과 경락설에 바탕을 둔 한의학이 동양에서는 만고불변의 진리로 인정되어 오늘날의 서양의학과 함께 쌍벽을 나란히 하고 있다.

동양의학은 동양철학에 근간을 두고 있다.

처음의 하나가 음(陰)과 양(陽)으로 갈라져 그것이 오행으로 나누어지면서 크게는 대우주가 되고, 작게는 인체인 소우주로 태어난다.

'일시무시일 무시무종일(一始無始一 無始無終一 하나는 시작 없는 하나로 시작하여 다시 끝없는 하나로 돌아간다)'과 만물귀일시(萬物歸一始 만물은 하나로 돌아간다)의 법칙은 자연의 흐름과 같다.

현대인에게 명상의 필요성은 시대가 요구하는 자유의 바람과 함께 정신적인 안정과 위안 때문이다. 일상의 불안과 번민, 공포는 손기(損氣)를 일으켜 육신을 병들게 하고 정신적인 허탈과 공허를 일으킨다.

이러한 미친바람과 성난 파도를 잠재우려면 수행을 통하여 일어나는 분노와 탐욕과 어리석음의 삼독(三毒)을 버려야만 한다. 그리하여 청정한 계(戒)를 지니고 선정(禪定)을 닦으면 계정혜 3학을 이룰 수 있다.

이를 위해서는 반드시 명상을 위한 명상이 아니라 깨달음을 위한 수행이 되어야 한다.

또한 계(戒)를 지키고 선정에 들어 지혜가 나타남으로써 진리의 근원인 '본성의 찾음(見性)'을 목표로 한다.

부처는 일찍이 구리성(拘利城) 북쪽의 한 나무 아래에 머무르면서 다음과 같이 말하였다. 이것이 장아함경(長阿含經)을 이루고 있다.

"너희들은 마땅히 계를 지니고, 선정을 생각하며, 지혜를 깨달아라. 이 세 가지를 잘 지키는 사람은 덕망이 높고 명예가 드날리게 될 것이다. 음란한 마음과 성내는 마음과 어리석은 마음과 잡된 생각이 없어질 것이니, 이것을 일러 해탈(解脫)이라 한다.

이 계행이 있으면 절로 선정이 이루어지고, 선정이 이루어지면 지혜가 밝아 지리니 이를테면 흰 천에 물감을 들여야 그 빛이 더욱 선명하게 되는 것과 같다.

이 세 가지 마음이 있으면 도(道)를 어렵지 않게 얻을 것이고, 일심(一心)으로 부지런히 닦으면 이생을 마친 후에는 청정한 곳으로 들어갈 것이다.

만약 계,정,혜의 삼행을 갖추지 못하면 결코 윤회에서 벗어나기 어려울 것이다.

그러나 이 세 가지를 갖추면 마음이 저절로 열려 문득 천상, 인간, 지옥, 아귀, 축생들의 세상을 보게 되고 온갖 중생들의 생각하는 것도 알게 될 것이다.

이는 마치 시냇물이 맑아야 그 밑의 모래와 돌 자갈들의 모양을 환히 들여다 볼 수 있는 것과 같다.

깨달은 사람은 마음이 밝으므로 보고자 하는 것이 다 드러난다.

도(道)를 얻으려면 먼저 그 마음을 깨끗이 해야 한다. 마치 물이 흐리면 그 속이 보이지 않는 것과 같다."

불조(佛祖)의 마음법을 증득하기 위해서는 먼저 집중해야 하며, 둘째로 항시 깨어 있는 마음인 관법(灌法)을 완성해야 한다.

그리고 마지막으로 명상의 핵심인 무심(無心)만이 무한의 지혜를 얻을 수 있다.

집중의 대상

'나는 누구인가?' '나는 무엇인가?' '나는?'에 대하여 생각하면 할수록 명상의 질곡은 깊어만 간다. 나라는 몸뚱이는 내 몸의 전부이면서도 전부가 아닌 것 같다.

몸뚱이와는 별개로 영혼이 분리될 때 우리는 죽음이라 부르고 있다. 육신의 나는 어쩌면 가아(假我)이고 육신을 제외한 어떤 부분이 진짜의 나(眞我)일 수도 있을 것이다.

부처께서 말씀하시기를

"우리들 마음에는 두 가지의 마음이 있다.

하나는 시작 없는 옛적부터 인간의 마음속에 들어있는 미묘하고 밝은 참 마음이다.

그런데 부모가 태어나기 전부터, 천지가 창조되기 전부터 있어왔던 이 참마음을 인간들은 어리석어 깨닫지 못하고, 보고 듣고 느끼고 경험하고 분별하는 망상만을 마음으로 느끼며 이에 집착함으로써 윤회에서 벗어나지 못하고 생사의 수레바퀴에서 반연(絆緣)하고 있는 것이다."

우리가 알고 있는 마음은 다만 생각에 지나지 않는다. 우리는 생각을 참 마음으로 착각하고 있는 것이다. 생각이란 그때그때 대상과의 인연에 따라 떠오르는 인식에 지나지 않는다. 이 생각은 수많은 억겁에서 이루어진 티끌일 뿐이다.

인간들의 마음속에 들어있는 수억만 개의 셀 수 없는 생각들은 모두 하나의 가시들이다. 이 가시들 끝에는 독(毒)이 발라져 있어 아주 하찮은 생각일지라도 그것이 우리 마음에 내려 박히면 그 생각은 상상으로 전념되고, 호기심으로 발전되고, 환상으로 나아가 손기(損氣)를 일으킨다. 그리고 마침내 영(靈)의 에너지까지 불러들인다.

모든 생각은 삼독으로 이끄는 전염병의 병균들이다. 삼독은 분노, 탐욕, 어리석음을 말함인데 이 삼독이야말로 우리들 인간을 윤회시키는 근본 원인들이다. 그래서 불경에서는 다음과 같이 말하고 있다.

"삼독이 삼계의 온갖 번뇌를 포섭하고, 온갖 번뇌가 중생을 해치는 것이 마치 독사나 독용과 같다."

일반적인 서구의 명상법은 의문에 대한 회답으로 '정,반,합'의 합리성을 추구하며 집중을 유도한다. 잡념의 회오리에서 철학의 사유가 나오기 위해서는 떠오르는 생각을 지향을 향해 유도한다. 생각에 들어가지 전에 망상을 지우고 고즈넉한 시골의 경치, 혹은 자연의 아름다움을 마음속으로 그리는 것으로 출발하여 자기최면에서 오는 집중의 결실이 동양의 선(禪)과 동일하다고 주장한다.

그러나 진실한 선정(禪定)은 생각을 일으키지 않음을 으뜸으로 한다. 생각은 초발심을 유발하지만 생각이 없는 마음이 진리를 향한 발걸음이다. 논리가 중심인 서구의 명상은 과학과 서양철학을 이루는 토대가 되었지만 진리의 광대무변한 본성(本性)의 자리와는 거리가 멀다.

형이하학(形而下學)의 논리로 형이상학(形而上學)을 예측하기란 마치 누에가 실을 풀어서 고치를 만들어 스스로 갇히는 경우가 된다. 생각이 떠난 마음의 본체가 바로 본래의 깨달음으로서 진리의 입장에서는 생각 그 자체를 부정한다.

"일체 경계가 오직 허망한 생각에 의해서 차별이 있으니 만약 마음 생각을 떠나면 곧 일체 경계의 상(相)이 없느니라"

"말한바 깨달음의 의미라고 한 것은 '마음의 자체가 생각 떠남'을 말함이니 생각을 떠난 그 실상은 허공과 같다. 곧 이것이 여래의 평등 법신이다."   - 기신론 -

대상이 없는 무심(無心)은 명상의 극점이다. 돈오(頓悟)의 무상정득정각의 경지이다. 그곳에 도달하기 위해서는 먼저 하나의 대상을 만들고 거기에 집중해야함은 명상의 기본이다. 기독교의 인격체 하느님이 그러하며, 기도와 염불이 그러하다. 나아가 불교의 '간화선의 화두' 역시 무슨 엄청난 진리의 법력이 있는 것처럼 말하고 있지만 그것 또한 대상의 한 방편일 따름이다.

명상의 첫걸음은 대상이 있어야 한다,
그 대상은 뜻이나 상징을 내포하지 않은 용어로써 두뇌가 생각을 일으키는 요소가 없는 대상, 다시 말하면 단순하지만 몰입하기 쉬운 것이 자연스럽다.
예를 들면 호흡과 숫자를 집중하는 수식관호흡은 굳이 [대안반수의경]을 빌리지 않아도 생각을 작게, 더욱 작게 가지는 최선의 방책일 것이다.

집중할 수 있는 힘은 개인적으로 차이가 있을 수 있지만 노력이 함께하면 누구나 머지않아 3,40분 정도의 수식관호흡은 문제가 없다. 특히 단전(丹田)을 관(觀)하는 호흡은 복식호흡의 장점과 함께 건강은 물론 고신도수행의 요체인 기(氣)를 감지할 수 있다.

종교의 기도나 묵상에서 갑자기 본인의 의식과 무관하게 몸이 흔들린다든지 몸에 열기가 솟아나는 것도 이러한 기(氣)의 현상이다.

모든 생명의 밑바닥에 흐르는 전류는 그것이 바로 생명이요, 생명력이다. 이것을 감지할 수 있는 기기(器機)가 없다는 것이 현 과학의 한계를 말하는 것 일뿐, 기(氣)를 비과학적이라고 결코 몰아세울 수는 없다.

마치 유리컵 속의 황토물이 시간이 지남에 따라 누런 황토와 지푸라기가 가라앉아 깨끗한 정수물이 되듯이 수행을 하여 청정이 지속되면 생명의 전류인 기(氣)를 누구나 감지할 수 있게 된다.

고신도 수련은 집중의 형태에서 일어나는 기(氣)의 움직임을 예의 주시하고 항시 단전의 집중을 놓치지 않는 것에서 시작한다. 그리고 몸에서 일어나는 경혈의 개혈과 기운(氣運)의 변화인 묘촉(妙觸)을 항시 지켜보는 관(觀)을 수행의 틀로 삼는다.

4) 관법이여! 그대 이름은 묘촉(妙觸)이여라

명상이 영혼을 살찌우는 것이라면 수행은 해탈이 목표이다.

해탈이란 모든 사물과 사유(思惟)를 초월한 것으로서 불가(佛家)에서는 본래의 마음자리를 말한다. 그래서 진여(眞如)라 이름하며 지극히 고요하고(寂寂), 지극히 밝으며(靈靈) 온갖 선악과 유위법은 물론 무위법조차도 초월한 자리이다.

이곳은 대우주의 시작의 근원지이며 태극이 있기 전(前), 시작 없는 시작의 처음이다.

하나(一)로 칭하며, 붓다(깨달음)의 자리이며, 성령의 하느님이다.

초발심은 생각이 만나는 인연의 끈이다. 생각함으로서 무명(無明)의 미로에 한 발자국 진입하지만 생각은 그 길을 방해하는 중요한 장애(障碍)가 된다.

생각은 또 번개와 같아 잠시도 머무르지 않고 순간에 소멸하지만 또다시 일어난다.

생각은 원숭이와 같아 잠시도 그대로 있지 못하고 여러 곳으로 움직인다.

생각은 화가(畵家)와 같아 여러 가지 모양을 나타내며,

생각은 한곳에 머무르지 않고 서로 다른 의혹들을 불러일으

킨다.

이러한 마음속의 생각들을 집중을 하여 한 곳으로 묶어야 한다. 이것이 수행의 시작이다.

그리고 집중을 통하여 마음의 눈을 열어야 한다. 이것이 관법이다.

집중이 곧 관(觀)은 아니지만 마음의 눈을 개발하면 관법이 완성된다.

그러나 이곳이 목적지가 아니다.

그곳은 관법이 아닌 무심(無心)으로 가야만 그 자리에 도달할 수가 있다.

집중이 관(觀)이 아니며, 관법이 결코 무심이 아니지만 집중만이 관법을 생산하고 무심으로 유도한다. 이들은 하나이며 또한 셋이다. 차례로 나타나는 것이 아니라 집착이 없으면 동시다발적으로 일어나 수행을 이끈다.

도(道)는 닦는 것이 없이 닦아야하고, 번뇌는 끊음이 없이 끊어야 한다. 그리고 관(觀) 또한 보는 것 없이 보는 것이다.

위빠사나

인간의 육신이 제 임의대로 할 수 있는 것은 아무 것도 없다.

태어날 때도 내 의사(意思)와는 무관하게 출생하더니 또 죽음을
맞이하여서 아무리 발버둥 치며 몸부림을 쳐도 헤어나지를 못하
고 일생을 마감하게 된다.

　하루를 업무에 휘둘리다 밤을 맞이하지만 또 아침은 어김없이
찾아와 내내 다람쥐 채 바퀴 돌듯 바쁜 하루의 일상이 시작된다.

　일에 파묻혀 있으면 내가 뭘 하고 있는지 나 자신을 잊어버리
게 되고, 내가 일을 하는 건지 일이 나를 끌고 가는 건지 알 수가
없다. 이 세상은 마왕(魔王)의 세계라 물질이 욕망을 부추기고,
끝없는 집착과 사리분별로 좋은 것과 유리한 것만 취하게 된다.
오직 육신의 나만이 진정한 삶이라 여기며 인생의 여정을 재촉
할 따름이다.

　'깨어있음'은 불가(佛家)에서는 관(觀)으로 설명되어져 사물
을 눈으로 보는 형태가 아니고, 마음으로 응시하는 것으로 '내
안에 또 다른 큰 나'가 있음을 관법(灌法)으로 단정한다.

　마음의 오염(번뇌)으로부터 자유로움을 얻는 것을 포함하여
일곱 가지의 이익을 얻기 위한 하나의 길이며 해탈하는 유일한
길이 있다. 그것은 네 곳에 마음 집중하는 '몸에서 일어나는 감
각의 느낌, 마음에서 일어나는 법(法)'을 관하는 사념처 위빠사

나이다.

하나.   마음의 오염(번뇌)으로부터 자유로워지며

둘.   슬픔과 비탄으로부터 자유로워지며

셋.   갈애와 불안으로부터 자유로워지며

넷.   육체적 고통으로부터 자유로워지며

다섯.   모든 정신적 고통으로부터 자유로워지며

여섯.   성스러운 도(道)를 얻으며

일곱.   성스러운 과(果:견성해탈)를 얻는다.

잡념의 소용돌이에서 생각을 쉬게 하는 방법은 오직 일념의 집중이다. 일어나는 생각을 지우는 것이 아니라 그 생각자체를 관(觀)하므로 원인을 제거할 수 있고, 집중을 강화할 수 있다.

예를 들면 화를 내고 있는 자신을 관(觀)하면 분노의 불씨가 눈 녹듯 사라지는 것을 느낀다. 이것은 마치 어둠 속을 살금살금 지나가는 도둑의 모습과 같다.

갑자기 어둠을 밝히는 전등불이 켜지면 도둑은 깜짝 놀라며 몸을 움츠린다. 그러면서 도둑의 몸과 마음은 점점 위축되어 전의(戰意)를 상실하면서 용서를 구한다.

우리 몸속에 일어나는 분노가 이와 같다. 일어나는 분노의 불길을 마음의 눈으로 볼 수만 있으면 화롯불 위에 잔설 녹듯 사라진다. 이것은 분노가 나의 본체가 아닌 또 다른 마음의 찌꺼기이기 때문이다.

위빠사나는 먼저 육신의 움직임을 집중하는 것으로 행(行)하면 행을 관하고, 주(住)하면 주를 관하고, 좌(坐)하면 좌(坐)를 관하고, 와(臥)하면 와(臥)를 관한다. 어묵동정(語默動靜)을 관(觀)하면 고요 속에서 파문을 알 수 있듯이 몸에서 일어나는 현상을 즉시 알게 된다.

몸의 현상과 함께 마음의 느낌도 알 수 있는 것은 기운의 흐름이 인식되어 나타나는 것이기 때문이다. 이것은 무심의 관(觀)이 마음을 거울처럼 맑게 한 연유이다.

주관의 6근과 객관의 6진을 쉬게 하는 큰 이유는 6식인 의식의 흐름을 잠재우기 위한 까닭이다. 그러나 남방불교의 수행법인 위빠사나는 '깨어있음'을 부연하게 설명하여 초강력의 집중을 유도하여 또 한번의 우(愚)를 범하게 한다.

긴긴밀밀하게 송곳이 파고들 듯한 초강력의 관(觀)은 의식의 두뇌를 쉬게 하는 것이 아니라 오히려 의식을 부추긴다.

인간의 의식은 지식으로 무장되어 있어 문자의 해석에 탁월한 재능을 보여준다. 말로써 법(法)을 전하지 못하는 이유가 문자의 미비성도 있지만 그 보다도 문자의 비약이 더욱 악(惡)을 조장하기 때문이다.

'지(知)의 한 글자가 모든 재앙의 문이다. (知之一字가 衆禍之門)'

— 황룡사심 선사 —

관(觀)이란 집중의 결과로 마음을 어느 한 순간 한곳에 모음으로써 발생하는 에너지이다. 이 마음은 육신의 마음이 아니라 태고 적부터 이어져 내려온 본성(本性)에 존재하는 마음의 눈이다. 마음은 비어있고, 청정하며, 신령스러운 지혜와 힘인 영지(靈知)를 가지고 있다.

부처가 내 몸 안에 들어오면 불성(佛性)이 되고, 하느님이 내 몸 안에 들어오면 성령(聖靈)이 된다. 본성의 위대함은 이것 때문이니 내안의 나를 찾는 행위 '참마음의 나'는 성령이며, 불성의 힘이다.

이것은 없던 것을 새로 만드는 과정이 아니라 전(前)부터 늘 존재했고, 언제나 가지고 있었던 무소부재하고 무시부재하고 무소불위한 본성(本性)의 능력이다.

그런데 언제부터 이곳에 때가 묻어 좋고 나쁨의 분별과, 이익과 손실의 사량 분별이 마치 양파의 껍질처럼 덕지덕지 때가 포개져 생멸심을 일으키는 우리의 생각으로 둔갑한 것이다.

집중의 시간은 정신을 통일하고 삼매에 들게 한다. 책을 읽을 때 빠지는 독서삼매는 시간이 언제 흘러갔는지 느끼지 못한다. 이처럼 내가 없음의 몰아(沒我)는 거울에 묻은 때를 씻는 힘이 되어 양파껍질을 하나씩 벗기듯 청정을 서서히 높여 나타나게 한다.

청정이 지속되면 집중의 밀도가 높아져 관(觀)이 완성되고 이때쯤 의식과는 전혀 다른 심안(心眼)이 개발되면서 드디어 묘촉(妙觸)이 등장한다.

어느 수행단체를 막론하고 관법을 중시하고 이를 종(宗)을 삼고 있지만 묘촉이 없는 관법은 모두가 허구(虛構)이다. 관(觀)의 완성은 묘촉으로 나타나 수행의 길을 제시한다. 따라서 묘촉이 없는 관(觀)은 무심(無心)의 관법이 결코 아니며, 일심의 범주를 벗어나지 못한 집중의 형태일 따름이다.

묘촉(妙觸)

세존이 앉아 계실 때에 발타마라와 아울러 열여섯 분의 보살 (菩薩)이 곧 자리로부터 일어나서 부처님 발에 정례하고 부처님 께 고하여 말하되

"스님들이 목욕할 때에 육신의 신체가 느끼는 감각도 아니요, 물의 감각도 아닌 내외(內外)의 주관과 객관이 아닌 묘촉을 얻었 사옵니다.

이것은 이미 먼지를 씻는 것도 아니며, 또한 몸을 씻는 것도 아니라 중간이 연연하여 있는 바가 없음을 얻음이라, 묘한 촉감 이 선명하여 불자주(佛子住)를 이루었습니다."

오늘날 수행(修行)이 정법의 길을 찾지 못하고 헤매다가 쓰러 지기 일보직전이다. 외국의 청정 법신 큰스님이니 혹은 살아있 는 부처로 군림하는 이들을 초빙하여 국내를 떠들썩하게 하지만 불경의 무심(無心)법을 제외하고는 진리는 없다.

간화선의 '화두(話頭)'가 부처의 가피와 달마의 공덕이 있는 냥 오도되어 후학(後學)들에게 상기(上氣)병을 선사하고 그것도 모자라 기복(祈福)의 유혹에 헤매게 한다. 또 남방의 위빠사나는 사족(蛇足)이 붙어 수입되어 붓다의 유일한 수행방법으로 과대

포장되어 전해짐은 간과할 수 없는 일이다.

이것을 타파하고 정법을 얻기 위한 방법은 그냥 깨어 있는 자세 이외는 왕도가 없다. 업무(業務)중에 업무를 보고 있음을 알고, 걸음을 걷고 있을 때 걸음을 알고, 왼발이 땅에 닿을 때 왼발을, 오른 발이 닿을 때 오른 발을, 그리고 발이 땅에 닿이는 감촉의 느낌을. 항시 육체의 움직임을 '내 몸 안의 내' 가 지켜보는 것으로 수행의 기초를 삼는다.

부처님이 깨달음을 얻으신 수식관호흡은 [대안반수의경]에 방대한 요지로 내려오지만, 대중들은 이것을 오직 단전호흡의 기법으로만 국한하고 있다.

수식관은 숫자와 호흡을 함께 관(觀)하는 집중의 한 방법이다. 숨을 들여 마실 때 들어 마심을 숫자와 함께 알고, 내 뱉을 때 숫자와 함께 지켜보는 것으로 일반적인 선도(仙道)의 수행법으로 더 알려져 있어 경전(經典)인줄 모르고 소홀하게 다루고 있다. 그러나 그 결과는 예사롭지 않다.

목적지로 향한 길은 여러 갈래가 있고 방법 또한 여러 가지가 있겠지만, 그 곳에 가기 위한 직선의 교통수단은 항공편이 유일하다. 이처럼 [대안반수의경]의 수식관호흡은 목적지를 향한 직항로임을 수행인은 필히 상기해야 할 것이다.

성서(聖書)의 '항시 깨어있어라.' 함은 우리에게 관법의 소중함과 함께 최단시일의 길임을 알려주는 것으로 그 의미가 남다르다.

'깨어있음'은 생각을 단순화하여 기(氣)를 모을 수 있고 나아가 영혼을 맑게 한다. 그러나 이것과는 반대로 쓸데없는 잡념은 기운(氣運)을 소모시켜 육신을 병들게 한다.

기(氣)의 현상은 초자연계의 느낌으로 육안으로 볼 수는 없지만 누구나 체험할 수 있고, 또 과학으로 증명하기는 쉽지 않지만 분명히 존재한다.

수행이 집중의 정신통일에서 한 걸음 나아가 관(觀)으로 전환하는 한 단계의 진보라 한다면, 그것은 초자연계의 신비에서 지혜를 찾아 떠나는 길(道)이다.

사람이 짐승과 다른 점은 생각할 수 있는 능력이다.

그러나 진리는 그 생각만으로는 찾을 수 없다. 생각함이 없이 마음의 눈으로 지켜보는 관(觀)으로만 지혜의 무위법(無爲法)에 도달할 수 있다.

5) 소리 없는 소리

　수행(修行)이란 제일 먼저 청정을 목표로 한다. 다시 말하면 심신(心身)을 맑고 깨끗하게 하기 위한 길이며 또한 방법이다. 물이 맑아지면 몇 길의 물밑도 환하게 보여 지고 물속의 부스러기까지도 한 눈에 볼 수 있게 된다.
　그러다가 바람이 밀려와 물결이 생기면 훤하게 보이던 광경이 잠시 주름을 이루고 흐릿한 모습으로 바뀌게 된다.

　육신도 이처럼 계(戒)를 지키고 평상심을 유지하면 심신이 청정해져 카르마의 형체를 감지하게 된다. 카르마란 무슨 특별한 것이 아니라 가까이는 수행자 본인 마음의 흐름이다.
　남들보다 잘 참아내지 못하는 흥분과 노여움이 본인의 성격 이전에 전생의 업장인 습(習)임을 알아야한다.

　또한 도(道)는 평상심을 목표로 한다.
　청정해지기는 쉬워도 평상심을 유지하기는 더욱 더 힘들다. 유리컵에 흙탕물을 담아 장시간 놓아두면 어느 날 찌꺼기는 아래로 가라앉고 위에는 깨끗해진 물이 맑음을 뽐낸다. 그러나 또 다시 흔들면 언제 그랬냐는 듯 다시 원래의 흙탕물로 변하는 것을 볼 때 청정보다는 평상심이 고차원이다.

카톨릭에서 고해성사를 강조하는 것은 청정을 지킬 수 있는 평상심을 위한 방편인 듯하다. 인간이기에 저지를 수밖에 없는 과오를, 일어남과 동시에 곧 뉘우치기만 해도 청정을 되돌릴 수 있다. 불경속의 악마인 앙굴라마도 999명의 인명을 살해했음에도 부처님의 법(法)의 목소리에 단숨에 수행의 과위를 얻을 수 있었던 것 역시 저지른 잘못을 회개한 때문이다.

도(道)는 깨달음이 다가올 때 언제나 법력이 뒤따라온다. 흔히 깨닫기 전과, 깨달은 후가 다름이 없다는 착각도사의 궤변과는 달리 청정이 유지되는 수행자는 법력과 함께 대우주의 소리를 들을 수 있다.

"태초에 말씀이 있었으니 그 말씀은 하느님과 함께 있었고, 말씀이 곧 하느님이다."
이 말씀의 Word는 성서(聖書)속의 신화가 아닌 실체(實體)의 모습으로 수행자에게 자태를 드러낸다. 이것이 '소리 없는 소리' 관음(觀音)이다.

수행의 첫걸음은 집중이다. 이것을 얻기 위해서는 여러 가지 방편들이 존재한다. 유,불,선 모두가 동일하다. 화두와 염불, 기도 등은 수행의 집중도를 더 높인다.

그 중 고신도(古神道)수련은 단전호흡으로 집중을 유도하면서 맨 먼저 기(氣)를 느끼게 된다. 그리고 집중의 대상으로 기(氣)를 관한다. 그러다가 심신이 맑아지면 묘촉과 함께 관음이 나타나면서 집중의 대상이 기(氣)에서 관음(觀音)으로 바뀌어 진다.

　　출발점은 각기 다를 수 있지만 결국 목적지는 동일하다. 불경에서도 '소리 없는 소리'의 수행법을 최고의 법문으로 소개하는 경전이 별도로 있다. 경전중의 경전인 [법화경] [능엄경]이 바로 이들이다. 하늘의 소리, 관음을 구체적으로 설명하고 있다. 음색과 질(質)을 범음, 해조음, 승피세간음으로 확실하게 기록하여 전해오고 있다.

　　불가(佛家)의 수행자들은 선(禪)을 강조하고 조사들의 어록에서 깨달음을 찾아가지만 관음(觀音)에 대해서는 무심한 면이 너무 많다. 관음을 누구보다 잘 알고 이해하지만 그것은 실체가 아닌 상징성으로만 공부하고 왔다. 허나 맑음이 다가오면 누구나 들을 수 있는 것이 관음이다.

　　간화선의 화두나 위빠사나의 관법에 대해서는 철저한 연구와 검토가 있지만 유독 하늘의 소리, 관음은 외면하고 있다. 수행의 목적지보다는 그 방법론에만 심혈을 기울이는 것은 대중을 향한, 대중을 위한, 대중에 의한 불교인 탓일까?

그러나 선(禪)을 정진하는 진정한 수행자라면 누구나 마음의 청정함과 함께 관음(觀音)을 들을 수 있다. 본인은 관음(觀音)을 환청이라고 거부할 수도 있지만 본인의 의사와는 무관하게 관음(觀音)이 함께 한다. 혹자는 고요하고 적적할 때 들리는 소리라며 애써 감춘다.

청정한 수행자의 토굴이나 연구실에는 언제나 관음이 향기를 뿜어내고 관세음보살의 화신이 머무르고 있다. 그런데도 불구하고 관음(觀音)을 의식하지 못하는 것은 관음을 상징으로만 배워온 무지의 탓일 것이다.

선도(仙道)수련은 경혈이 개혈되면서 불전(佛典)에 소개된 묘촉이 나타난다. 묘촉이란 '묘한 촉감'의 줄인 말로 자연의 리듬이다. 기(氣)를 체험한다는 것은 바로 자연의 흐름을 느낀다는 것이다. 마음법과 기(氣)수련이 상충된다. 하지만 조사(祖師)들의 어록인 〈벽암록〉에서도 묘촉(妙觸)과 관음(觀音)을 설명한 법문이 이곳저곳에서 전해 내려오고 있다.

인간은 육신과 마음으로 만들어져 있어 그 둘을 연결하는 에너지인 기(氣)의 존재를 무시할 수가 없다. 현대 물리학의 발달이 에너지의 장을 꿰뚫어 보는 재주가 있다 하더라도 영혼의 존재와 생명의 기적을 과학적으로 결론짓기는 미흡하다. 오히려 더욱 더 신비의 미궁으로 도를 더하게 될 것이다.

마음공부 역시도 육신이 있어야 진행될 수 있다. 육신의 건강이 평상심을 만들어내는 근원이다. 몸이 불편하거나 아프면 수행은커녕 아무런 일도 할 수가 없다. 그럼에도 불구하고 몸공부를 무시하고 등한시하는 참선(參禪)을 고급의 마음법으로 잘못 이해하고 있는 수행인이 가끔 있다.

관음이란 몸과 마음이 청정해져야 만이 들을 수 있는 천상의 언어로서 언제나 관세음보살이나 가브리엘천사가 화신(化神)과 수호천사로 수행을 지켜주고 있다.

6장. 도(道)

6장. 도(道)

모든 살아있는 것들에게 폭력을 쓰지 말며,

살아 있는 그 어느 것도 괴롭히지 말며,

또 자녀를 갖고자 하지도 말라.

하물며 친구이랴,

무소의 뿔처럼 혼자서 가라.

만남이 깊어지면 사랑과 그리움이 생긴다.

사랑과 그리움에는 고통이 따르는 법.

사랑으로부터 근심 걱정이 생기는 줄 알고,

무소의 뿔처럼 혼자서 가라.

홀로 행하고 게으르지 말며,

비난과 칭찬에도 흔들리지 말라.

소리에 놀라지 않는 사자처럼

그물에 걸리지 않는 바람처럼

진흙에 더럽히지 않는 연꽃처럼

무소의 뿔처럼 혼자서 가라.

- 숫타니 파타 -

1) 관세음보살과 가브리엘 천사

2002년 E.B.S 방송 여성강좌 프로의 내용이다.

'기독교 신학자(神學者)인 현(玄)교수는 미국 유학시절 묵상기도 중에 수호천사를 만나게 된다. 그 모습은 인자한 어머니의 모습처럼 혹은 성모님의 은총처럼 자애로워 몇 년 동안을 붙잡고 씨름하던 논문을 불과 3개월 만에 완성하여 무사히 박사학위를 취득하게 된다.

특히 꿈속에서 나타나 논문의 소(小)제목을 암시했던 신비로운 경험을 하느님의 은혜로 믿고 있었다.

그 이후 기독교와 불교와의 만남을 주선하기 위해 불경을 연구하게 된 계기가 있었다.

불경을 공부하는 과정에서 그 때의 수호천사가 관세음보살임을 알게 되었고, 또 본인이 지병으로 가지고 있던 고질병이 치유되는 현상을 경험하게 되었다.'

이것은 불교의 위대성이라기보다는 관념의 전환으로 나타난 관세음보살의 화신이며, 굳이 바꾸어 말하면 전생의 인연으로 귀착할 수밖에 없다.

마음이 청정해지면 무심의 삼매에서 관음(觀音)을 들을 수 있다.

그때 우리는 불경속의 관세음보살을 만날 수 있거나 혹은 가브리엘 천사도 만나게 된다.

기독교가 하느님의 구원과 은총에 감사드리는 믿음의 종교라면, 불교는 궁극적으로 해탈의 종교이다.

불교의 '간화선인 화두법' 역시 첫 번째가 믿음이고, 두 번째가 분심(忿心)이며, 세 번째가 의증(疑症)을 강조하고 있다. 이들중 믿음을 제일로 강조하는 것은 그것이 종교의 기본이기 때문이다.

무엇을 믿는다는 관념은 두뇌의 사고(思考)로 자기최면의 요소가 다분히 있다. 그러나 두뇌의 믿음이 아닌 사랑의 믿음이 실천되면 청정한 마음이 하나로 만들어져 어느 종교의 누구라도 천사의 화신인 관세음보살을 만나게 된다.

기독교의 교리는 원죄를 가진 우리 인간이 예수님의 십자가의 보혈로 말미암아 하느님의 구원을 받는 것으로 귀결한다.
그러나 불교는 공(空)의 깨달음을 알아 윤회 속에서 만들어진 카르마를 청산하여 스스로 부처가 되어 해탈의 극점인 니르바나에 안착함을 공언한다.

어찌 보면 불교의 해탈 자체도 기독교의 입장에서는 하느님의 구원의 한 부분으로 낙점할 수도 있다. 요약하면 기독교가 하느님의 힘 아래 의지하는 것이라면, 불교나 고신도(古神道)는 깨달음을 얻으면 내가 곧 부처요 신선(神仙)이 될 수 있다는 신인합일의 사상이다.

우리가 살고 있는 현상계는 너와 내가 같이 양립하는 이분법의 상대계로 상대가 높아지면 자연히 나는 낮아지는 것이다.
그러나 깨달음의 세계는 너와 내가 다 같이 높아지는 세계로 불생불멸(不生不滅), 불구부정(不垢不淨). 부증불감(不增不減)

즉 나는 것도 죽는 것도 없고, 더럽고 깨끗함도 없고, 늘고 줄어 듦도 없는 극락의 서방정토이다.

이곳은 아담과 이브가 쫓겨나기 전의 에덴동산이며, 절대자 하느님의 왕국이다.

절대계란 절대자 하느님이 계시는 공간이지만, 인격체의 하느님이 아닌 깨달음 그 자체의 세계로서 불경의 서방정토이며, 황금의 빛으로 가득 찬 불국토이다.

2) 신부님 뒤에 나타난 천사(天使)

카톨릭 신부님과 함께 단전호흡을 같이 수행한 적이 있다. 독일유학시절에 교통사고로 허리를 다쳤다는데 한 쪽 발을 절고 있었다. 사고(事故)이후에 지속적으로 정형외과의 물리치료와 추나요법으로 수년 동안 치료하였지만 차도가 없어 담당의사가 수술을 권유하고 있는 중이었다.

그런 와중에 단전호흡으로도 치료가 가능한지 물어와 한마디로 말씀드릴 수 없음을 이해시키고 고신도 수련의 과정을 세세히 설명하였다.

고신도(古神道)란 수행의 목적이지 기공치료와는 무관하다. 그러나 수행의 과정에서 건강을 되찾게 되는 경혈의 개혈(開穴) 과정이 한의학의 침구시술과 동일 선상에 있음을 부연 설명했다. 또 고신도 수련은 기도와 믿음을 중시하는 교회법과 달리 깨달음을 얻기 위해서는 반드시 건강한 육신과 청정을 이루는 몸 공부를 완성해야함을 강조했다.

자칫 이러한 일면이 선도(仙道)수련을 양생법으로만 오해하는 까닭이기도 하다. 몸 공부를 지나치게 강조하다 보니 무술을 연마하여 육체를 강건하게 만들고 기(氣)수련으로 기운을 온몸으로 유주시킨다. 그리고 접이불루의 방중술을 터득하여 늙지 않고, 죽지 않는 불로불사(不老不死)만이 선도의 핵심으로 알려져 있기도 하다.

그러나 고신도(古神道)수련의 과정은 한의학의 경락이론과 동일하다. 질병이 생기면 인체 내의 경혈을 침이나 한약으로 개혈하듯이, 에너지인 기(氣)로써 대신하는 것이다.

자연의 기운이란 본래의 모습으로 되돌아가는 힘으로 비뚤어진 자세가 저절로 교정되거나 혹은 수술이 필요한 척추디스크

환자도 아프기 전, 원래의 모습으로 자연 치유되는 현상이 수행(修行)중에 나타나고 있음을 상기시켰다.

또한 수행의 시작이며, 전부인 단전호흡을 생활화하고 동시에 항시 몸에서 일어나는 감각을 관(觀)하는 관법을 완성하는 것이 중간 목표점임을 강조했다. 그리고 시간을 단축시키기 위해서는 앞서가는 수행자의 경험과 공력(功力)이 절대적으로 필요함을 설명했다.

단전호흡이 수행의 전부인 고신도(古神道)는 설령 깨달음을 얻지 못할지언정 건강은 확실히 지킬 수 있다. 그렇지만 언제나 무심(無心)속의 관법(觀法)을 지켜야 함은 말할 필요가 없다.

외부의 인식과는 달리 카톨릭 사제의 업무가 지나치게 많아 항시 시간에 쫓기는 가운데도 불구하고 단전호흡과 요가의 기본 체조를 열심히 연마하였다. 집중이 높아지면서 기(氣)의 운행이 활발하여 임,독맥의 회로인 소주천이 6개월 만에 완성되었다.

소주천이 되면 온몸의 구석구석에 운기가 이루어져 드디어 대주천의 관문인 백회혈을 개혈(開穴)할 시기가 된다.

"다음 주중에 백회혈인 천문(天門)을 개혈 하겠습니다."라며 수행의 일정을 설명했다.

천문(天門)은 수행자의 본인의 힘으로 열수도 있지만 그렇게 되기까지는 많은 시간과 노력이 필요하다. 앞서가는 스승의 법력을 빌리면 짧은 시간에 소기의 성과를 올릴 수 있다.

선지식(善知識)을 만나면 순간적으로 천문이 열리게 되는데 이것 또한 청정의 힘이다.

이러한 일들은 불경(佛經)속의 이심전심, 염화시중의 미소로써 법력의 전이(轉移)를 암시한 것과 동일한 수준이다.

그러나 부처님의 법을 전수 받기 위해서는 가섭존자와 같이 청정해야하고 그 수준이어야 함은 물론이다. 천문의 개혈 역시 청정해야하고 축기가 되어 있어 기운이 왕성해야한다.

그러므로 단전호흡을 매일 빠뜨리지 않고 열심히 해야 함은 말할 필요가 없다.

그런데 다음 주일, 약속과는 달리 선정에 몰입하여 영안으로 보니 백회혈 주위의 정수리에 영적인 쓰레기 더미가 지저분하게 수북이 쌓여 있었다. 얼마 전에 일어난 삼풍백화점 사고 현장의 사진모습과 유사하다.

"교구청의 행사준비로 눈코 뜰 새없이 한 주일을 보내다보니 단전호흡을 잊고 있었소"

정말 미안하다며 사과말씀이다.

오늘은 개혈할 시기가 아닌 것 같아 다음으로 미룰까 하고 관(觀)을 놓는다.

이때, "잠깐! 도사양반! 이것은 내가 다 치울테니 신부님 어깨치료나 하시구려. 김 선생은 기공치료가 전문 아니요!"

난데없이 터져 나오는 선계(仙界)의 소리에 깜짝 놀라 바라보며

"누구신가요?"하며 물어본다.

신부님의 주보천사란다. 모든 게 텔레파시로 문답이 오간다.

"웬걸 난 기공치료사가 아닌데...."하며 억울한 심정으로 신부님 어깨를 관(觀)한다.

그 사이 어지럽게 널려있던 백회혈 주위가 언제 그랬냐는 듯 말끔히 치워졌음이 영안(靈眼)으로 들어왔다.

드디어 백회혈의 개혈을 시작하였다.

"신부님, 백회혈을 관(觀)하세요! 기운을 보냅니다."

백회혈의 관(觀)을 유도하면서 기운을 보내었다.

"펑!" 하면서 정수리에서 폭발이 일어난다.

백회가 열리는 순간 이제까지 경혈을 막고 있던 에고와 선입
견의 먼지가 화산 폭발하듯이 2중,3중의 폭발과 함께 날아간다.

이윽고 백회의 경혈이 미소 짓듯이 모습을 드러낸다.
방금 전에 나타난 주보천사의 모습이 자꾸만 떠오른다.
"누구세요?"하고 다시 텔레파시로 물어본다.
가슴에 코발트빛깔의 큰 보석을 보여주며 미소를 짓는 모습이
클로즈업 된다.

선정(禪定)에서 깨어난 신부님은 머리가 개운해 진 것 같다며
상쾌한 표정이다. 백회가 개혈되면 하늘의 기운이 다이렉트로
내려오기 시작하여 박하 향을 뒤집어 쓴 듯 머리전체가 시원해
진다. 그래서 자꾸만 의식이 머리로 간다.

"어깨가 무거워서 혼이 났는데 굉장히 편해 졌네"하며 어깨를
움찔거린다.
신부님은 기(氣)를 볼 수 있었고, 백회의 모양을 느끼고 본 것
에 대해 신기한 표정을 짓는다. 그러나 단전호흡을 게을리 하면
백회가 다시 막힐 수 있음을 경고하고 수련을 마쳤다.

그 후 신부님의 갑작스러운 인사이동으로 교구청에서 중책을

맡게 되어 애석하게도 고신도 수련을 계속하지 못하게 되었다.

백회가 열린 후에는 육신의 질병은 자연스럽게 치료가 가능한데, 시간이 없어 다음단계인 기공치료를 강행할 수가 없었다. 애석한 마음 금할 수 없지만 신부님처럼 수도자의 뒤에는 항시 주보천사의 돌보심이 현존함을 체험하였다.

사랑의 전령사인 수도자(修道者)들은 세속의 알음알이에 관심이 없어 본인의 청정함 조차 무심하겠지만, 혜안(慧眼)이 열린 수행자의 입장에서는 상대의 청정함의 깊이까지 자연스럽게 판별이 된다.

믿음의 예수님이 아닌 깨달음의 예수님이라면 누구라도 혜안(慧眼)을 얻어 오늘의 예수님이 되어 하느님의 아들로서 거듭날 수가 있게 될 것이다.

3) 관음과 아즈나 챠크라

인체의 두뇌가 육체를 총괄하고 있으나 대뇌의 사용량은 불과 6%미만으로서 이는 아직은 현대의학(現代醫學)의 미스테리다. 또한 두뇌의 나머지 부분의 기능에 대하여 정확하게 밝히지 못한 것은 현 과학의 한계가 아닐런지!

　우리가 계산을 한다거나 어려운 일에 봉착하면 이마를 찡그리고 의식을 모으는 곳이 바로 이마 중간의 인당혈이다. 이 혈은 하늘의 눈이라고 하여 천목(天目)혈로도 불린다. 이곳은 지식이 아닌 지혜를 연출하는 곳으로 심신이 청정해지면 하늘의 소리, 관음(觀音)이 자연스럽게 들린다. 백회(百會)가 열린 수행자는 백회혈 근처에서 들리기 시작하여 점차 이마 앞쪽으로 이동하면서 마침내 인당혈에서 자리를 확보한다.

　초창기의 관음은 귀(耳)속이나 머리의 옆 부분에서 일시(一時) 들릴 수 있으나 아직 관음이라고 말하기는 어렵다. 오히려 두뇌의 먼 곳에서 들리지 않는 듯 들리는 것이 확실하다. 관음수행자의 대부분이 이 소리는 어린 시절에 들어 보았던 소리라고 규정한다. 그러나 관음(觀音)은 지속적으로 나타나야지 그렇지 못한 경우는 완전한 관음이 아니다.

　석가모니불(釋迦牟尼佛)의 이마 한 중간, 보석의 눈처럼 혜안(慧眼)이 개혈되어야 만이 진정한 관음의 위력을 실감할 수 있다. 이곳은 부처님의 제3의 눈으로 혜안(慧眼), 불안(佛眼), 법안(法眼)으로 불리는 지혜의 보고(寶庫)이며 절대계로 통하는

문이다.

관음(觀音)의 형태가 말로써 전해지거나 스승의 법력으로 전달되는 것은 절대 아니다. 이곳 역시 무심(無心)의 도를 깨닫지 못하면 소리에 끌려 수행을 망치게 되니 오직 필요한 것은 심신(心身)의 청정뿐이다.

왼쪽에서 나는 소리는 버리고 오른쪽의 소리를 인당으로 관하는 모 수행단체에서 거론하는 관음은 올바른 관음수행이 아니다.
이곳은 청정으로만 전해지는 깨달음의 소리로써 언어로서는 결코 전해지지가 않는다. 청정이란 육식을 삼가고 채식을 통하여 얻어지는 육신의 맑음이 아니라, 업장소멸의 힘을 갖춘 법력의 청정이다.

집중은 일심을 만들고, 일심은 초자연계의 진입을 선포한다.
일심은 작은 초능력을 선사하지만 그곳이 수행의 목적지는 아니다. '백척간두에 진일보'라 무심의 삼매만이 하늘의 소리, 관음(觀音)을 득할 수 있다.

영안(靈眼)이 열린 수행자는 관음(觀音)이 나타날 때 관세음보살의 화신이 함께 함을 목격할 수 있다. 그러나 수행을 게을리

하여 청정을 무너뜨려 빙의(憑依)가 된다든지 혹은 미망(迷妄)의 세인들과 만나는 자리에서는 관음은 잠깐 자취를 감춘다.

그러다가 청정의 기운이 증폭되어 주위가 다시 맑아지면 관음이 새롭게 나타난다.

청정한 수행자는 언제나 자비의 관음보살이 수호신의 모습으로 보호하고 있다.

다시 말해 청정이란 음식을 가려먹는 채식주의를 말하는 것이 아니라 인체의 경혈이 모두 열린 대주천의 수행과 탐.진.치를 관(觀)할 수 있는 마음공부를 일컫는다.

마음공부가 깨달음으로 가는 지름길이지만 그곳에 도착하기 위해서는 먼저 본인 카르마의 흔적을 해소해야만 걸림이 없는 마음의 자유를 얻을 수가 있다.

카르마는 단지 한 층만으로 구성된 전생의 빚이 아니다. 대략 6층으로 구분되어 있는 전생의 흔적이 질긴 가죽처럼 양파껍질의 형태로 두텁게 본성을 막고 있다. 카르마가 한층, 한층 벗겨질 때마다 청정의 모습은 새롭게 나타나게 된다. 관음을 득하기 위해서는 카르마의 중간층인 3층까지 소멸시켜야만 한다.

카르마를 언급하지 못하는 청정은 결코 청정이라 할 수가 없다. 관음(觀音)이 청정을 의미하듯이 관음은 아즈나차크라를 개혈한다.

　경혈상으로 인당(천목)혈로만 국한하지 않고 아즈나 챠크라로
범위를 넓히는 까닭은, 이곳은 경혈의 의미를 초월하여 소리와
빛으로 가득 찬 깨달음의 경지인 때문이다.
　이곳의 법문은 이심전심(以心傳心)으로 전해오는 까닭에 참스
승을 만나지 못하면 결코 건널 수가 없는 절대계의 관문이다.
　염화시중의 미소에 가섭존자가 법(法)을 전해 받을 수 있는 수
승의 법문이 바로 이곳이다.

　아즈나 챠크라의 열림은 개혈의 의미와는 전혀 다르다.
　수행이 진일보하면서 소리가 드디어 빛으로 바뀌면서 이마
앞 인당혈에서 뒷머리 옥침관을 향하여 진입하게 되면 어둠에
둘러싼 무명의 터널을 한 줄기 강한 빛이 비추게 된다.
　가름할 수 없는 수많은 어둠의 시간인 무명(無明)을 아미타불
광명의 빛이 비춰지면 돈오(頓悟)의 깨달음과 함께 터널의 공간
을 환하게 밝힌다.
　빛의 거친 입자는 소리로 바뀌고, 소리의 맑은 입자는 빛으로
가득해지면서 소리와 빛이 황금으로 포장된 서방정토의 길목을
밝힌다.
　이 무렵이 되면 육신의 번거로움에 귀찮음을 느낀다.

업장소멸

백회혈은 하늘의 문, 일명 통천문(通天門)으로 불린다. 백회의 개혈은 처음에는 천기(天氣)가 출입하는 통로(通路)로 이용된다. 관법의 완성 이후에는 업장이 소멸되면서 모습을 드러내는 영혼들의 천도(薦度)되는 문으로 사용되기도 한다.

이후 수련이 계속 진척되면 그 임무는 다시 바뀌게 되는데 그 시기는 상단전의 아즈나 챠크라가 개발되는 시점이다. 그 뒤 백회혈의 임무는 육신의 장애를 일으키는 사기(邪氣)나 탁기(濁氣)의 근원인 빙의령의 천도 시에만 이용된다.

그 전까지 백회로 들어오던 신령스러운 절대계의 기운에 관련된 일들은 앞이마의 인당(천목)혈과 뒷머리 옥침관이 주관하게 된다.

인체의 경혈은 한번의 개혈만으로 본성(本性)을 맞이하는 것이 아니다.

6겹의 카르마가 모두 소멸될 때 비로소 위대한 실체를 만나는 견성(見性)의 기쁨과 함께 깨달음의 지혜가 다가온다.

백회의 개혈도 이처럼 6겹의 등급을 맞이하기 위해 그때, 그때 필요한 두뇌의 상단전 경혈들을 개혈하면서 점차 영격이 높은 마지막 업장의 소멸을 주도한다.

백회의 개혈은 초자연계의 입문이다. 이제까지 육신이 '나'라는 자연계의 생각에서 육신이 가아(假我)가 아닌 참나(眞我)인 초자연계의 법신(法身)의 존재를 일깨워 준다. 그러면서 한 차원 높은 영격으로 승격된다.

그리고서 이제까지 다루었던 카르마보다 한 단계 높은 역에너지 군(群)의 껍질을 벗겨 업장소멸을 더욱 가속화시킨다.

그러나 그 다음 단계의 카르마는 백회혈의 주도만으로는 업장소멸이 불가하다. 그 이유는 본성(本性)을 둘러싸고 있는 마지막 카르마의 층은 그 영격 또한 높아 백회혈의 힘만으로는 부족하기 때문이다. 그래서 또 한 차원 높은 고도의 경혈의 힘이 필요하다.

그들이 이마 중앙부의 인당(천목)혈과 뒷머리 옥침관으로 연결되는 아즈나 챠크라(이근원통)의 법력이다.

이근원통의 법력은 관음(觀音)의 화신과 함께 시작하여 무한대의 법력을 구사하게 된다.

또 다시 마지막 업장소멸이 시작된다. 한동안 소강상태로 머물던 업장소멸의 지휘봉이 본성(本性)을 막고 있는 마지막 꺼풀을 벗겨 내려고 진두지휘를 서두르고 있다.

이곳만 지나면 곧 위대한 실체를 만날 수 있다. 그러나 마음을 내면 도로아미타불이다. 오직 응무소주이생기심(머무름이 없이 내는 마음)뿐이다. '배부른 사자가 얼룩 말 보듯' 성성적적(惺惺 寂寂)이다. 성성하면서 적적이요, 적적하면서 성성이다. 그 결과 는 그 무소불위(無所不爲)의 법력 '함이 없는 함'이다.

인체장기의 깊은 병소에서 그 모습을 드러내며 벗겨져 나온 끝 부분의 마지막 카르마(업장)는 대부분 가스로 변하여 서서히 백 회혈로 집결하여 천도되기를 기다린다. 본회의 법사들도 카르마 의 형상이 모두 가스로 변하여 천도됨을 이구동성으로 설명한다.
　평생을 몸 바쳐 수행에 정진한 선승(禪僧)도 깨달음은커녕 삼 매 한번 제대로 들어본 일이 없다고 하는 이유가 바로 이 같은 업장(業障)의 지독함 때문이다.
　이 어렵고 힘든 작업이 두뇌의 고급경혈과 관음(觀音)의 조화 에 기인한다는 사실에 경외로움을 표하고 싶다. 그러나 관음(觀 音)의 위대한 법력도, 두뇌의 고급경혈로도 카르마의 완전해소 는 불가하다.

마음공부의 필요성은 초발심(初發心)의 수행자보다는 오히려 고급수행자의 몫이다. 자기성찰의 강도를 높이고 무심(無心)을 다짐해야만 한다. 조사(祖師)들의 어록에 '방하착'이며, '공(空)'

을 설명하는 이유가 바로 이것이다.

또 "오른손이 한 일을 왼손이 모르게 하라"는 성경(聖經)의 가르침이나 "무주상보시"를 강조하고 "응무소주 이생기심(응당 머무름이 없이 내는 마음)"을 마음공부의 으뜸으로 여기는 까닭이 여기에 있다.

불전(佛典)에 이르기를 아라한도 미세유주가 흐르고 있다함은 이것으로 확인시킨다. 아무리 천하제일의 법력을 구사하는 수행자일지라도 분별심을 놓지 않는 한 무상정득정각을 이룰 수가 없다.

업장소멸이 그렇게 쉽게 이루어진다면 누가 업장을 두려워하겠는가! 원인 없는 결과가 없듯이 오늘의 나는 과거 전생의 내 업의 결과물이려니...

오직 '무소의 뿔' 처럼 용맹정진만이 위대한 실체, 본성에 한 걸음 다가설 수 있는 길인 것이다.

4) 도(道)는 중용이다

　단전호흡을 무조건 숨을 길게 쉬는 것으로 잘못 알고 있다. 숨을 길게 마시고, 멈추고, 내쉬고 반복해서 무리하면 탈장의 원인이 되어 심하면 장(腸)수술을 받아야하는 경우도 가끔 있다.

　중국기공은 숨을 길게 들어 마시고 길게 멈추는 지식(止息)이 수행의 경지라 자랑한다. 그래서 이러한 호흡법을 강조하고 있는 탓에 수행자는 호흡의 길이에만 신경을 곤두세운다. 그러나 지나친 지식호흡은 몸을 냉하게 만들어 수행(修行)은커녕 병을 얻기가 일쑤이다.

　그렇다면 숨의 길이를 얼마나 하는 것이 효과적일까?

　수행의 이름이 붙은 호흡이라 평상시 호흡보다는 길게 하는 것이 당연하지만 그것의 길이가 어디까지인지 좀체 알 수 없다.

　혹자는 손목의 촌구맥과 목의 인영맥의 크기를 가지고 토(吐)하는 숨을 길게, 혹은 들이마시는 숨을 길게 하면서 음양(陰陽)을 논한다. 그러나 개개인의 건강 상태가 다르고, 그날의 컨디션이 다르다보니 정확하게 길이를 논한다는 것은 어불성설이다.

　그렇다고 억지로 숨을 길게 쉬는 인위(人爲)를 금기시하여 자연스럽게 편하게 쉬는 일상의 호흡을 강조하다보면 또 다른 함정인 무기공(無記空)에 빠지기가 쉽다. 이처럼 본인에 맞는 호흡의 길이를 아는 것이 중용이다.

불가(佛家)에서 무기(無記)를 참선의 원흉으로 몰아가는 이유가 화두(話頭)에서 의증(疑症)을 놓치면 무기공(無記空)이나 수마(睡魔)에 빠져 수행을 그르치게 되기 때문이다.

사도(邪道)도 위험하고 두렵지만 아무런 지향 없이 쇠나 돌처럼 멍청하게 앉아있는 무기(無記) 또한 그 악성(惡性)이 만만치 않다.

음식도 마찬가지다. 아무리 맛있는 음식이라도 과식하면 탈이나듯이 중용을 알지 못하면 그 해독은 하늘에까지 손길을 뻗친다. 음양오행의 다섯 가지 기운이 제 각기 맛을 달리 하는데

목(木)의 기운인 신 음식을 과다하게 섭취하면 위장에 문제가생기고,
화(火)의 쓴맛인 술을 많이 마시면 대장에 탈이 난다.
토(土)의 성질인 단 음식을 많이 먹으면 신, 방광에 해롭고,
금(金)의 기운인 매운 음식을 지나치게 즐기면 간(肝)이 약해지고,
수(水)의 성질인 짠 음식을 과하게 섭취하면 심장계통의 질환

이 발생한다.

　그렇지만 몸에 해롭다고 해서 짜고 매운 음식을 먹지 않으면 오행의 상극(相剋)인 심장과 위장, 폐와 간장이 약해진다.
　이처럼 적당하게 먹으면 이롭고, 무엇이던 지나치면 해(害)를 끼치는 것이 자연의 이치이며 그 맛의 섭생정도를 아는 것 또한 중용(中庸)의 단면이다.
　[반야심경]에서도 '원리전도 몽상(遠離顚倒 夢想)'으로 자칫하면 주객이 바뀌는 전도(顚倒)를 무척이나 염려한다. '지나침이 모자람보다 못하는 과유불급(過猶不及)'이 중용지도(中庸之道)를 일깨운다. 인위(人爲)가 아닌 무위(無爲)이기 이전에 중용(中庸)을 알아 무기공(無記空)을 경계해야한다.

　인위(人爲)를 부정하고 무위(無爲)를 강조하다 보면 무기공(無記空)의 폐해가 나타남은 이미 아는 바이다. 그러나 무기공(無記空)을 조심하다보면 또 '삿띠 팟타아나 위빠사나'의 긴긴밀밀한 의식의 집중의 덫에 빠지는 경우가 나타난다.
　'삿띠 팟타아나(四念處) 위빠사나' 수행법의 삿띠란 마음집중을 말하고, 팟타아나는 마음 집중의 대상에 뿌리내리고 있는 것을 말한다. 이중 팟타아나의 파(pa)는 초강력의 의미를 담고 있어 보통의 상태가 아닌 초강력으로 강력하게 밀착되어있는 상태이다.

집중이 지나치다 보면 의식이 따라가게 되는데 위빠사나의 본래의 취지가 아닌 의식의 집중은 또 다른 우(愚)를 범하게 된다. 그래서 불전(佛典)에서는 성성적적(惺惺寂寂)을 말하고 있다. 성성이란 깨어있음을 말하고 적적은 고요함을 말한다. 어쩌면 모순된 말인 것 같지만 이것 역시 중용을 의미하고 있다.

특히 수행자가 빙의령을 천도할 때, 빙의령을 천도(遷度)한다는 생각을 한다든지 또는 천도(遷度)되어가는 빙의령의 모습을 그린다는 것은 아주 위험천만한 일이다.

육신의 생각으로 조금이라도 얼룩지면 그 곳은 무심(無心)이 아닌 인위가 되어 아무런 결과가 없다. 오직 아무런 생각이 없는 무심으로 들어가기 위한 무념(無念)만이 상대계를 뛰어넘어 절대계인 삼매에 들어갈 수 있다.

언어의 위험성이란 어기십성(語忌十成)의 교훈처럼 그곳에 가보지 않으면 자기 최면이 되어 사귀(死句)가 된다. 반드시 지혜안이 열려야 만이 중용의 이치를 알고 깨달음의 세계로 한 걸음 다가설 수가 있다.

수행을 지도하는 이들이 영(靈)적인 부분을 설명하지 못하고 당황하는 이유가 무심의 관(觀)을 놓치는 탓이다. 수행 중에 영적인 화면이 나타날 때는, 배부른 사자가 얼룩말 보듯 그냥 무심으로 보고만 있어야 한다.

화면을 따라 몰입하면 영적인 화면은 점점 확대되고 더욱 더 깊은 영의 세계에 빠져든다. 이때부터 영(靈)을 보고자 하면 얼마든지 볼 수 있고, 영(靈)과의 대화도 가능해지지만 이것은 접신의 과정일 따름이다.

다시 말해서 이것은 영통(靈通)일 뿐이지 결코 정법의 도(道)가 아님을 밝혀둔다. 통찰력이란 무심의 중용(中庸)에서 오는 지혜로 6신통인 누진통만이 절대계의 산물이다.

5) 하늘이 내린 천도비법 : 단식

인간은 음식을 맛으로 먹고 영혼(靈魂)은 냄새로 먹는다. 아무튼 인간과 영(靈)은 같은 음식을 먹으면서 육신은 생명을 영위하고 또 한편으로는 카르마의 씨를 잉태한다.

암의 발생 원인이 우리가 먹는 단백질의 공급에 의한 것으로
밝혀져 있으니 음식을 먹어야 하는 동안에는 '적과의 동침' 외에
는 다른 방법이 없다. 이것은 어쩌면 육신과 빙의령과의 관계와
동일하다.

　　'먹기 위해서 사느냐? 살기 위해서 먹느냐?'의 우문(愚問)이
카르마를 해소할 수 있는 열쇠를 제공한다. 하루만 음식이 공급
되지 않아도 육신은 오직 먹는 생각에 빠져 다른 사건에는 두뇌
의 작용이 가담하지 않는다.

　　물론 특수 임무를 띠고 활동하는 경우에는 다르겠지만 일반적
으로는 극한 상황에 빠지면 허기와 추위에 육신의 전부를 투자
하게 된다. 옛말에 '3일 굶어서 남의 담장을 넘지 않는 이 없다'
는 속담처럼 먹는다는 것은 곧 육체의 최대본능인 것이다.

　　그러나 음식의 단절은 오히려 질병을 치료하는 효과가 크게
나타나기도 한다. 많은 종교인들이 행하는 금식기도가 악성 질
환의 치료뿐 아니라 영혼의 얼룩을 말끔히 씻어내어 성령으로
거듭나는 훌륭한 계기를 만든다. 그래서 교회나 그 관계자들은
하느님의 은사나 부처의 가피라 내심 기념을 토한다. 그러나 신
비의 은총이라기보다 빙의령의 제령에 그 이유가 있다.

　　단식 중 곡기(穀氣)가 공급되지 않으면 육신의 활동을 위하여

몸속에 남아있던 잉여 지방과 경혈을 막고 있는 최후의 에너지인 카르마까지 칼로리로 분해가 된다. 이것은 마치 극단의 굶주림 속에서 군화의 부드러운 가죽까지 물에 고아서 먹을 수 있는 경우와 동일하다.

단식(斷食)중에는 몸속에 남아있던 탁기(濁氣)가 피부를 통하여 배출되는 까닭으로 냄새가 지독하게 발생한다. 환자일 경우에는 더욱 심한 탁기(濁氣)를 뿜어낸다. 그것은 몸속에 남아있는 병소(病巢)인 역 에너지가 분해되면서 피부호흡을 통하여 밖으로 뿜어져 나오기 때문이다.

단식은 2-3일이 고비이지 그 이후는 평소와 같이 전혀 힘이 들지 않는다. 그 이유로는 몇 가지가 있겠지만 첫 번째가 생각이 단순화되면서 손기가 되지 않는 탓이다. 일상의 생각들은 손기(損氣)를 일으키는데 생각이 단순화 되면서 기(氣)가 모이는 까닭이다. 배고픔으로 생각이 단순해져 짧은 며칠이지만 기운이 모인다.

두 번째로 나쁜 줄 알면서도 우리가 일상으로 먹고 있는 인스턴트 음식과 공해(公害)식을 중단함으로서 몸을 맑게 할 수 있기 때문이다.

단식으로 환자들의 병이 치료되는 까닭은 극한상황에서 오는 자연치유력의 발생으로 설명할 수 있지만 영적(靈的)인 측면으로는 기운이 맑아져서 병의 근원인 빙의령이 해소된 탓이다.

본회의 고급수행자들은 단식을 의무적으로 수행의 과정에 포함시키고 있다. 혼자만의 단식이 아니라 앞서가는 스승과 함께 진행하면서 마지막 카르마를 녹이는 중차대한 이벤트다.

수행의 계제가 올라간다는 것은 고층건물을 세우는 것과 동일하다. 고층에 올라가면 갈수록 더 넓은 시야가 확보되듯이 지혜가 높아지고 통찰력도 커진다. 그에 상응하여 카르마도 저급이 아닌 파장이 센 고급의 영(靈)이 출몰하여 이때부터 수행자에게 더 큰 채무를 독촉한다.

빙의령이 온몸을 죄어오면 이것을 벗어나기란 무척이나 힘들다. 깨달음과 업장소멸의 막중한 초발심의 강한 의지는 고통에 밀려 사라지고 모든 것을 포기하고는 다시 돌아가고 싶다.정말 영혼이라도 팔아 고통을 면하고 싶을 정도로 괴롭다.

그 고통은 당하지 않은 이들은 언급할 수 없는 없을 만큼 죽음보다 한 수 위이다. 바로 다음이 서방정토요 열반임에도 불구하고 그 고통은 끝이 보이지 않는 것만 같다.

그러나 그런 과정을 통해 자신이 지었던 과거생의 업장이 하

나씩 갚아 나가진다면 언젠가는 달고 맛있는 큰 열매를 수확할
수가 있을 것이다.

　운동이나 등산이 운기(運氣)를 활발하게 하여 수행을 이끌어
가지만 혹 견디기 힘든 업장의 빙의령을 만나면 힘든 나날을 보
낼 수 있다. 이때 단식요법으로 곡기를 끊으면 평소와는 비교할
수 없을 정도로 빙의령(憑依靈)의 천도 능력이 배양된다. 그뿐
아니라 단식수행을 통하여 얻어지는 마음공부는 극기수련과 함
께 이타심(利他心)의 배양이 마음의 그릇을 넓힌다.

6) 자기 최면은 도(道)를 그르친다

“눈을 감고 숨을 깊이 들여 마십시오....
　숨을 깊게 내쉬며 온 몸의 긴장을 풉니다...
　조용한 호숫가의 풍경을 상상하고 내가 그 곳에 앉아 명상에
잠긴 모습을 그립니다.”

“눈을 지긋이 감고 온 몸의 긴장을 풉니다...
　허리를 똑바로 세우고 손바닥을 살며시 무릎 위에 놓습니다...

양 손바닥 위에 뜨거운 불덩이가 있다고 상상합니다....

처음엔 느낌이 약하지만 손바닥을 집중하면 뜨거운 기(氣)감이 차츰 생깁니다.

이 뜨거워진 기운이 팔 내측을 타고 움직인다고 상상하십시오. 그러면 점차 기운이 강해지면서 기운의 움직임이 나타납니다."

이것은 서구 명상기법과 중국 기공(氣功)의 프롤로그이다. 먼저 몸을 이완시킨 후 상상의 그림을 그리며 깊은 침묵을 유도한다. 이들 모두가 자기 최면을 수행의 근간으로 삼고 있다.

특히 중국기공은 의념수련만이 최고의 수행법임을 자부하며 초능력을 자랑한다.

허나 최면술을 자기최면이나 타인최면을 막론하고 그 어떤 것도 수행에 관계할 수가 없다. 왜냐하면 이들은 깨달음보다는 초능력을 개발하는 의념수련이기 때문이다.

그러면 도(道)란 어떻게 닦는 것인가?

의식을 동원하는 의념수련이 아니라면 무심을 강조하는 '의식의 무심'은 어떨까? 아니면 무심에 이르기 위해서 일어나는 생각을 놓는다거나 혹은 한 점에다 일어나는 생각을 던진다는 것이 올바른 무심법이 아닐까?

그러나 천만의 말씀! 전혀 그렇지 않다. 이것 역시 자기를 억제시키는 자기최면에 불과하다. 불전(佛典)속의 '방하착(放下着)'은 일어나는 생각을 빠짐없이 주인공에게 맡기거나 놓는다는 수행의 방편이 아니라, 마음의 자유를 의미한다.

일어나는 생각도 놓고, 일어나지 않는 생각도 놓는 마음, 즉 '마음에 걸림이 없고 걸림이 없는 마음(心無가碍 無가碍故)'을 뜻한다.

서구 명상기법의 자기최면도 부정하고, 중국기공 수련의 의념 수련도 아니며, 또 무심을 위한 '의식의 무심'도 아니라면 도대체 어떻게 수행을 이끌고 갈 것인가? 그리고 기(氣)수련으로 초능력을 자랑하는 중국기공사들을 어떻게 평가해야 될까? 하는 의문의 회오리에 파묻히게 된다.

기(氣)수련으로 격파술이나 기공치료 등의 초능력을 자랑하는 중국기공사들은 무당의 내림굿에 의한 영통(靈通)의 접신과 다를 바 없다. 또 자연의 중력의 법칙을 거슬러 몸을 공중에 부양한다거나 스푼밴딩, 염력(念力)으로 씨앗을 틔우는 행위 등은 초자연계를 관리하는 영(靈)의 힘일 따름이다.

초능력은 인간의 힘으로는 발휘할 수 없다. 다시말해 인간은 자연계의 소속이라 자연의 법칙을 절대 위배할 수가 없다. 물론 오랜 연마와 숙련으로 보통 이상의 능력을 발휘할 수는 있지만 세계올림픽대회 1위의 기록이 자연계의 한계 능력이다.

그러므로 우리 눈앞에 일어나는 초자연적인 현상은 이미 접신 (接神)의 힘임을 명심해야 한다. 무당이나 초능력자들이 신기한 능력을 행할 때 벌써 본인의 가슴에는 접신(接神)된 영(靈)의 모습이 보인다. 애기 영(靈)이 접신된 자는 애기영혼이 보이고, 장군령(將軍靈)이 접신된 무당은 갑옷 입은 장군의 모습이 보인다.

장풍으로 바람을 일으키는 차력사의 가슴에는 이마에 머리끈을 질끈 동여매고 무술을 연마하는 영(靈)의 모습이 보인다. 또 앞일을 예견하고 남의 운명을 잘도(?) 알아 맞추는 역술가와 마주 앉으면 TV연속극 '제국의 아침'에 등장하는 역술가인 '사천공봉'이 쓰고 있는 모자 쓴 모습과 비슷한 광경이 보인다.

초능력과 신통(神通)은 제동장치가 없는 자동차와 같다. 제동장치가 없는 자동차를 타고 내리막길을 운전한다고 가정하면 이해가 쉽다. 접신의 족쇄를 차면 본인의 의사와는 상관없이 오직 마귀의 지시에 따를 뿐이다.

이것들을 말변지사라 함은 혹세무민이 목적인 탓이다. 이들은 깨달음과는 전혀 무관하다. 오히려 깨달음을 빙자하여 신통을 좇는 맹신자의 양성을 목표로 하고 있다.

진정한 깨달음은
"생각이 있는 것도 아니고 없는 것도 아닌,
깨달은 선정(禪定)의 경지를 두루 초월하여,
마음의 작용이 모두 끊어진 선정의 경지인 상수멸(想受滅 : 생각도 구함도 없는)의
지혜에서 나오는 신통(神通)"만이 존재한다.

불전(佛典)에서는 6신통인 누진통을 5신통(천안통, 천이통, 신족통, 타심통, 숙명통)의 위에 두고 자세하게 설명하고 있다. 무심의 삼매에서 나오는 '함이 없는 함'의 누진통만이 접신의 것이 아닌 본성(本性)의 법력이다.

7) 음(陰)공부와 양(陽)공부

무당(巫堂)과 스님이 공부하는 모습을 얼핏 보면 속인들이 보기에는 비슷하게 보여 진다. 부처님을 모시고 참선하는 자세도

구분하기 힘들고 특히 스님이라고 불리는 이들이 점(占)이나 사주를 보고 길일(吉日)을 받는 짓거리를 보면 무당이나 진배없다. 이런 경우 무당이나 스님이나 다를 바 없다. 이것은 스님이 공부의 기틀을 잘못 잡아 음(陰)공부를 하였기 때문이다.

똑같이 공부를 하여도 지향이 다르고 참스승을 만나지 못하면 자칫 음(陰)의 마구니 공부에 빠지게 된다. 누구라도 공부에 전념하면 초능력이 나오게 된다. 이때 지향하는 바가 정도(正道)일지라도 초능력을 따라가면 음(陰)공부가 되고 무심으로 정진하면 양(陽)공부가 된다.

사도(邪道)에 빠지면 자기가 하는 수행은 양(陽)공부이며 남이 하는 모든 수행기법은 음(陰)공부로 매도하여 시비하기를 즐겨한다.
양(陽), 즉 밝음이란 생활 속의 자세 그대로이다. 진리란 먼데서 오는 것이 아니고 바로 일상의 자연스러움이다. 모든 수행의 척도는 반드시 혜안(慧眼)이 열려야만 구별할 수가 있을 뿐이지 주장과 맹신만으로는 곤란하다.

음(陰)공부를 요약해보면, 마음공부만이 최고라며 다른 수행의 요체(要體)를 예사롭게 여기는 것이 특징이다. 특히 재가(在

家)인들은 몸 공부를 등한시하여 기호 식품인 담배나 술을 즐겨 애호하면서도 오직 마음만 잘 다스리면 육신은 저절로 따라오는 것으로 착각하고 있다.

음(陰)공부를 하면 의식의 흐름을 주관하는 두뇌의 주인이 바뀐다. 그것은 마구니가 육신의 집을 차지하여 본인이 하는 짓이 정도(正道)라고 착각을 일으키게 만들기 때문이다. 마구니는 자기의 지시에 따르도록 육신의 안전장치인 두뇌경혈(백회혈)을 막아 성령(불성)의 출입을 불허한다. 그러면 맹신의 탈을 쓴 육신은 마왕의 지시대로 놀아나는 꼭두각시처럼 한심한 작태가 연출된다.

다시 말해서 음(陰)공부는 영혼의 신경세포인 경혈을 막아 자연의 흐름인 기감(氣感)을 없앤다. 더구나 생각의 사령부인 두뇌의 혈(穴)을 막아 더욱 더 맹신(盲信)을 부추긴다. 시간이 흐를수록 상단전(上丹田)의 모든 경혈이 막히면서 뇌질환에 시달리게 되어 죽음을 맞이하게 된다.

이들과는 다르게 정법의 수행은 자연의 흐름을 간직하면서 맑음을 확장시킨다. 나아가 인체의 모든 경혈을 열어 언제나 변함없이 건강한 육신과 청정한 영혼을 영위하게 만든다. 그리고

완성을 향하여 진일보하면서 깨달음의 법력인 6신통을 갖추게
된다.

마구니 중에서도 능력이 있는 마왕(魔王)은 작은 신통을 사용
할 수 있어 수행자에게 신통을 빌려줄 수도 있다. 그러면 어느
날 초능력이 생긴다. 유체이탈이 되어 멀리 떨어진 거리의 모습
을 볼 수가 있고 또는 남의 몸속으로 의식이 진행되어 환자의 병
처(病處)도 감지하는 신통(神通)이 열리기도 한다.

수행의 목적이 초능력이나 신통력을 발휘하여 명예와 영리를
얻겠다든지 혹은 남들보다 빠르게 고급수행자가 되어 다른 이들
로부터 존경받기 위한 작은 영웅심도 경계의 대상이다. 무조건
순수하지 못할 때는 정법의 공부라 하더라도 법집(法執)이 뿌리
내려 음(陰)공부로 바뀌게 된다. 마구니는 이러한 탐심의 족적을
이용하여 유혹의 손길을 어김없이 뻗친다. 작은 신통을 부려 하
느님의 은총이며 부처님 법이라며 철저히 믿게 만든다.

그리고는 부처나 보살의 모습으로 혹은 성모마리아의 형상으
로 나타나기도 한다. 또 거짓 경계로 데리고 가서 천국이나 극락
을 보여주고 놀기도 한다. 더욱이 빛이 가득 찬 서방정토라고 데
리고 가서 보여주지만 그곳은 가짜의 세계로써 마왕이 꾸며낸

환상의 세계일 따름이다.

본회의 사범 중 한명이 몇 개월 동안 토굴에서 독자수련을 한 끝에 빙의(憑依)가 되어 나타나 구원의 손길을 내민 경우이다. 눈을 감고 좌선에 들어가면 이상한 경계에 빠지면서 영계(靈界)의 화면에 몰입이 되고, 생각을 떠 올리기가 무섭게 영(靈)과의 교감이 진행되지만, 평소에는 두통이 떠나지 않는다면서 피골이 상접이다.

"항시 입정(入定)에 들면 빛이 길을 안내하듯이 마중을 하여 선계(仙界)를 구경시켜주는 재미에 매일 오늘은 어떤 경지의 세계를 만날까 기대가 컸습니다.
한 무리의 공간을 지나 위로 올라가면 끝이 뾰쪽한 지붕의 끝을 통과하는데 또 다른 공간이 나옵니다. 또 위를 올라가면 마지막 세계의 끝이 보이는데 그 위를 올라가면 빛의 세계가 끝나고 본인 혼자 좌선(坐禪)하는 모습을 발견합니다.

선계(仙界)라고 소개하는 공간은 한 단위마다 세 가지 형태의 경지가 보이는데 그러한 공간이 3마디의 큰 영역으로 나누어져 있어 결국 9개의 선계를 모두 구경했습니다.
영(靈)적인 화면을 따라가서는 안 된다는 스승님의 말씀이 상기되지만 궁금하고 신비스러운 장면이 의식을 가만 두지 않았습니다.

그 곳은 빛이 가득 찬 서방정토로서 온갖 기화요초며 화려함으로 꾸며진 무릉도원(武陵桃源)입니다. 그곳에서는 내가 하고자 함은 무엇이든지 가능하여 하느님도 만날 수 있고, 부처님과 얘기할 수도 있습니다.

물론 관세음보살 등 모든 보살을 만나고 예수님도 부를 수 있습니다. 그 곳은 언제나 나의 소유입니다. 또 따라가면 빛의 색깔이 바뀌고, 또 다른 세계가 나타나는데 그 곳 역시 황홀합니다. 그 후 한없이 따라가다가 의식이 몸 밖으로 튕겨져 나온 후 정신이 깨어났습니다."고 한다.

얘기하는 도중 중단전인 가슴에는 부처를 가장한 시커먼 불상 형태의 빙의령의 모습이 보인다.

"그래서 무엇을 얻었다는 말인가?"하고 반문하니 말을 더듬는다.

"………"

수행(修行)시에 훌륭한 법문의 보호나 법력이 높은 스승의 지도를 받지 못하면 언제든지 마구니의 표적이 되어 빙의(憑依)가 된다. 빙의령도 영격의 높고 낮음이 있어서 빛을 만들 수 있는 능력의 마왕은 그 힘이 막강하다. 고급령(高級靈)이 빙의되면 두 뇌의 경혈을 모두 막을 수가 있어 관음수행자도 쉽게 물리칠 수가 없다.

빙의(憑依)가 오랫동안 머물면 환영(幻影)이 예지력이 되고, 영통(靈通)이 개발되어 신통한 영능력자가 잠깐 될 수도 있지만, 접신이 떠난 어느 날 정신병을 얻어 사회와 격리되거나 죽음에 이른다.

초자연계는 신비와 초능력으로 수행자를 유혹하지만 그곳은 언제나 마구니가 시커먼 입을 벌리고 대기하고 있다. 오직 경혈의 열림과 닫힘을 먼저 체험해야 만이 정견(正見)이 나타난다. 경혈이론만이 정법(正法)과 사법(邪法)을 구분할 수가 있어 고신도 참 스승의 무위법만이 초자연계의 함정에서 빠져 나올 수가 있다.

그 때 세존께서 게송으로 말씀하셨다.

"만일 모양으로 나를 보려하거나 음성으로 나를 찾으려하면, 이러한 이들은 곧 삿된 도(道)를 행하는 자라 여래를 길이 볼 수 없으리라."

8) 대 자유인으로 거듭나라

인체는 육신(肉身)과 영혼으로 나누어져 있지만 그것은 한 몸이며 공동체이다. 죽음이 육신의 흩어짐이라면 영혼은 있던 자리로 다시 되돌아가는 삶의 시작이기도 하다. 그래서 죽음을 단지 옷을 바꿔 입는 것이라 했다.

하지만 영혼(靈魂)속에는 법신의 부분이 있어 불경(佛經)에서는 이것을 공덕(功德)으로 설명한다. 그래서 수행을 해야 하는 이유가 영혼으로서의 내가 아니고 공덕(功德)의 나인 법신(法身)을 찾아야하기 때문이다. 다시 말해 영혼의 수능점수가 법신(法身)이다.

이것이 본인의 영격(靈格)으로 영혼의 등급이다. 반드시 수행을 통해서만 영격을 높일 수 있으며 최고, 최상의 영격은 본성과 동일하다. 이것은 본래면목, 부모미생전(父母未生前)으로서 대우주와 하나이면서도 분리되어 있는 형상이다. 하느님의 일부이면서 그 자체인 성령(聖靈)인 것이다.

수행이란 자기성찰이며 고해성사이다. 항시 자기를 낮춤으로서 상대를 이해하고 사랑해야한다. 그리고 집중의 정신통일만이 본성(本性)을 만날 수 있고, 깨달음을 얻을 수 있다.

그러나 그것보다 더 중요한 것은 집중을 통한 두뇌의 단순함이다. '생각하는 갈대'의 사유(思惟)가 아닌 '무심의 몰아(沒我)'만이 통찰력을 가져오며 현실의 상대계를 뛰어 넘을 수 있다.

집중의 몰입은 눈에 보이지 않는 초자연계의 에너지인 기(氣)를 느낄 수 있음과 동시에 육신에 끼어있는 때(塵), 카르마도 인지하게 된다.

카르마도 한 겹으로만 얼룩져 있는 것이 아니고 몇 개의 층으로 나누어져있으며, 그 층마다 전생과 전,전생의 수많은 사건들이 기록되어 있다. 양파 껍질의 모양처럼 한 겹이 벗겨지면 다음의 껍질이 기다리고 있어, 카르마의 껍질이 벗겨질 때마다 전생에 기록된 수많은 인연의 빙의령이 등장한다.

경혈이 개혈되는 시점은 심신의 청정과 비례한다. 결국 심신(心身)이 청정해야만 경혈이 개혈된다. 청정은 위대한 실체인 본성(本性)에 한 걸음 가까이 다가서는 것이다. 혈(穴)이 열린 만큼 대우주의 힘과 연결되며 또 이것을 사용할 수가 있다.

영혼의 청정으로 한 층의 카르마를 벗겨내면 인체의 경혈이 한 꺼풀 열리고, 기(氣)의 밀도 역시 긴밀하고 고와진다. 이러한 경혈의 법칙이 다음 단계의 카르마를 해소하여 또다시 다른 영격이 높은 빙의령을 천도시키게 된다.

수행의 마디마디마다 장애로 나타나는 빙의령은 수행자를 수많은 시간동안 고통과 절망의 늪에 빠뜨린다. 허나 그 단계를 지나고 나면 마치 숙제를 가르친 선생님처럼 인과의 법칙을 일깨우고 초자연계의 고등공부를 접하는 귀한 계기가 된다.

지금 우리의 생(生)은 한, 두 번의 윤회에서 시작된 것이 아니라 무려 수천, 수만 번, 아니 헤아릴 수 없는 삶의 연속이 아니었겠는가!
따라서 전생의 빚인 카르마가 단지 몇 개가 아닌 탓에 그들의 근간인 빙의령 역시 하나 둘로 매겨진 것이 아니고 줄로 이어져 있다. 수행의 핵심은 전생의 빚인 그 빙의령의 굴을 빠져 나오는 것이 최대의 관건이다.

백회가 열린 직후, 하늘에서 내려오는 천기(天氣)의 향기가 온몸을 감싸면 수행자는 문득 도인(道人)이 된 것 같은 착각에 빠진다. 그러다가 어느 순간 영(靈)의 세계에서 자신의 카르마의 본 모습을 마주치면 그때부터 빙의령에 시달리게 된다.
수행의 어려움 가운데 으뜸이 영계(靈界)의 진입으로서 이는 때때로 괴로움을 안겨주지만 동전의 양면과 같이 수행의 동반자로 이것을 극복함으로서 한층 높은 계제로 천도능력이 배양된다.

졸업시험을 보지 않고는 대학 졸업장을 소지할 수 없듯이 빙의령의 천도능력은 이러한 과정을 견디고 이겨야만 법력을 나툴 수가 있다. 그러나 이러한 과정을 견디지 못하여 옆길로 빠지면 고통이 수반되지 않는 음(陰)공부의 유혹에 넘어가게 된다.

음(陰)공부란 청정을 외면한 외도(外道)의 수행기법으로서 심신의 청정보다는 일종의 자기최면법으로 구성되어있다. 이들의 특징은 믿음과 마음공부를 강조하면서 어떤 형태의 일심(一心)을 강조 한다.

어떤 형태의 일심은 맹신과 신비를 부추기며 수행자에게는 그곳이 목적지인양 그들의 주관적 판단력을 앗아간다.

또 어떤 형태의 일심은 집중의 몰입을 강하게 요구하며 신비의 체험을 주지만 반면에 인체의 안전장치인 두뇌의 경혈을 막는다.

인체의 신경조직과 같은 경혈이 막히면 지각불능 상태가 일어나 본인이 모른다 뿐이지 맹신의 영(靈)은 가슴 깊숙이 접신되어 그들의 영역을 넓혀 나간다.

'영통(靈通)이다 혹은 선계(仙界)의 소식이다' 면서 신통(神通)을 말하는 수행단체는 결국 무당과 맥을 같이할 뿐이지 진정한 도(道)하고는 거리가 멀다.

　단전호흡으로 집중의 힘이 만들어지면 기(氣)를 느끼고 경혈의 개혈을 체험한다. 또 이것이 인체의 경락을 유주하면서 소주천이 된다. 집중이 변하여 마음의 눈인 관법이 완성되면 기운의 밀도와 강도가 증폭된다.

　그러던 어느 날, 갑자기 백회의 감이 확대되면서 머리 전체중반 이상 감각이 사라진다. 손으로 머리를 만지면 분명히 있으나 입정에 들면 여전히 머리 윗부분 반 이상이 감각이 없으면서 스멀스멀 개스가 피어나듯 빙의령의 천도가 끝없이 이루어진다.

　이때가 천도능력이 비약적으로 가동되는 시점으로 육신의 카르마가 해소되고 영가(靈駕) 천도(薦度)를 주관할 수 있는 수행자의 위치가 된다.

　자가 치료는 물론 이웃의 질병이나 영적장애도 손쉽게 해결하여 퇴마사로서 존경을 한 몸에 받는다. 이것은 상대방의 빙의령이나 환자의 병소가 수행자가 지닌 법력의 빛에 감동되어 어둠의 무명에서 밝음으로 변화를 일으키는 현상이다.

험상궂은 빙의령의 모습에서 착하디착한 모습으로 바뀌면서 잘 차려입은 옷으로 자기의 갈 길을 가는 영가 천도가 이루어진다.

저자의 경험으로는 대략 5-6개월 동안 백회를 중심으로 머리의 반 이상이 아지랑이 같이 스멀스멀 빠져나가는 빙의령의 천도 현상이 지속되었다. 이렇게 업장이 소멸되면서 수행이 발전되어야만 그 다음 과정인 인당혈의 개혈이 이루어질 수가 있다.

인당(천목)혈은 여섯 겹의 카르마중 중간층인 3겹이 벗겨진 후, 관음(觀音)을 득해야 만이 비로소 열리는 지혜의 눈이다. 곧이어 아즈나 챠크라의 터널이 시작된다. 관음(觀音)과 빛의 안내를 받으며 이마 한 중간 인당(천목)혈에서 시작하여 뒷머리 옥침관을 관통하며 빛의 원통이 만들어진다.

하늘의 소리, 관음(觀音)은 세간에서 집착을 건너 해탈한 사람만이 얻을 수 있는 수승한 법문이다. 빙의령의 출몰을 잠재울 뿐 아니라 카르마의 마지막 껍질을 벗길 수 있다.
전생의 공덕과 훌륭한 스승을 만나지 못하면 전해지지 않는 고급법문이다. 동서고금을 통하여 이 수승의 법문을 노래하는 스승이야말로 참스승으로 존경 받을 수가 있다.

"비구들이여!
비구들은 모든 욕망을 떠나고, 악을 떠나고
거친 사유와 미세한 사려(思慮)를 떠나고
기쁨과 안락함의 경지, 초선(제1단계의 禪定)의
경지에 노닐게 된다.
비구들이여!
이 비구는'제1계의 악마를 눈멀게 하고
악마의 눈을 흔적도 없이 끊어,
악마의 눈에 보이지 않는 존재가 된 사람'
이라고 말할 수 있다.
다시 비구들이여!
비구는 거친 사유, 미세한 사려를 청정히 하고
마음의 때를 여읜 상태가 되어,
거친 사유, 미세한 사려도 없게 되고
정신통일에서 얻은 기쁨과 안락함의 경지,
제2선(第2禪)에 도달하여 노닐게 된다.

비구들이여!
이 비구는 '제2의 악마를 눈멀게 하고
악마의 눈을 흔적도 없이 끊고,
악마에게 보이지 않는 존재가 된 사람'

이라고 말할 수 있다.

다시 비구들이여!

비구는 기쁨을 떠나 마음을 평정하고,

바른 생각을 가지고

명확하게 마음을 집중하여

몸에서 즐거움을 느낌으로써

성자들이 '마음을 평정하고,

생각을 바로 하여 즐겁게 노닐고 있다'고 하는

제3선(第3禪)에 도달하여 노닐고 있다.

비구들이여!

이 비구는 '제3계의 악마를 눈멀게 하고,

악마의 눈을 흔적도 없이 끊어,

악마에게 보이지 않는 존재가 된 사람'

이라고 말할 수 있다.

다시 비구들이여!

비구는 즐거움도 괴로움도 단절하고

이전에 느꼈던 기쁨과 근심도 소멸함으로써,

즐겁지도 괴롭지도 않고 마음의 평정함을

지니도록 생각을 바르게 하는 청정한 경지,

제4선(第4禪)에 도달하여 노닐고 있다.

비구들이여!
이 비구는 '제 4의 악마를 눈멀게 하고
악마의 눈을 흔적도 없이 끊어,
악마에게 보이지 않는 존재가 된 사람'
이라고 말할 수 있다.
다시 비구들이여!
비구는 모든 관념을 소멸하고
또한 모든 관념을 작용하는 일이 없기 때문에,
'허공은 끝이 없다고 깨달은
선정의 경지(虛空無邊處)'에 도달하셨다.

비구들이여!
이 비구는 '제 5계의 악마를 눈멀게 하고,
악마의 눈을 흔적도 없이 끊어,
악마에게 보이지 않는 존재가 된 사람'
이라고 말할 수 있다.
다시 비구들이여!
비구는 '허공은 끝이 없다는
깨달은 선정의 경지'를 초월하여,
'인식작용은 무변하다고 깨달은
선정의 경지(識無變處)'에 도달하여 노닐고 있다.

비구들이여!

이 비구는 '제6계의 악마를 눈멀게 하고

악마의 눈을 흔적도 없이 끊어,

악마에게 보이지 않는 존재가 된 사람'

이라고 말할 수 있다.

다시 비구들이여!

비구는 '인식작용은 무변하다고 깨달은

선정의 경지'를 두루 초월하여,

'아무것도 존재하지 않는다는 것을

깨달은 선정의 경지(無所有處)'에 도달하여 노닐고 있다.

비구들이여!

이 비구는 '제7계의 악마를 눈멀게 하고

악마의 눈을 흔적도 없이 끊어,

악마에게 보이지 않는 존재가 된 사람'

이라고 말할 수 있다.

다시 비구들이여!

비구는 '아무것도 존재하지 않는다는 것을

깨달은 선정의 경지'를 두루 초월하여

'생각이 있는 것도, 없는 것도 아닌 선정의 경지

(非想非非想處)'에 도달하여 노닐고 있다.

비구들이여!
이 비구는 '제8계의 악마를 눈멀게 하고
악마의 눈을 흔적도 없이 끊어,
악마에게 보이지 않는 존재가 된 사람'
이라고 말할 수 있다.
다시 비구들이여!
비구는 '생각이 있는 것도, 없는 것도 아니라고
깨달은 선정의 경지'를 두루 초월하여,
'마음의 작용이 모두 끊어진 선정의 경지(想受處)'에
도달하여 노닐 뿐 아니라,
지혜로써 모든 것을 보고 번뇌를 소멸한다.

비구들이여!
이 비구는 '마왕을 눈멀게 하고
마왕의 눈을 흔적도 없이 끊어,
마왕에게 보이지 않는 존재가 된 사람,
이 세간에서 집착을 건너 해탈한 사람'
이라고 말할 수 있다.
그는 안심하고 다니며, 서 있고 누을 수 있다.
그것은 무슨 까닭인가?

비구들이여!

그는 악마에게 쫓기지 않는 곳에

머물고 있는 사람이기 때문이다.

- 법구경 -

9) 태양혈의 숨겨진 비밀

요가는 차크라로 불리는 생명력의 공간을 척추의 아랫부분 미
골단에서 시작하여 점차 위로 상승하면서 생명력을 넓힌다. 이
들 챠크라는 모두 7개로 분류되어 어둠의 무명(無明)에서 밝음
(明)으로 진일보하며 수행의 계제를 증언한다.

고신도(古神道)수행에서는 아랫배의 하단전을 중심으로 해서
중단전, 상단전의 개혈로 이어지며 지혜의 눈이 소속되어있는
아즈나챠크라가 개발된다.

깨달음으로 가는 길이 너무 어려운 까닭에 헤아릴 수 없이 많
은 방편의 길들이 있지만, 오직 지혜안을 얻어야 만이 공부의 정
사(正邪)를 구분할 수가 있다. 그렇다고 하여 의념이나 의식(意
識)으로 이마의 인당혈을 집중한다든지, 혹은 어떤 장치를 가지

고 인당혈을 개혈한다는 자기 최면은 지혜안(智慧眼)은커녕 접신의 탈을 뒤집어쓴다.

지혜의 눈인 혜안(慧眼)의 개혈은 다음과 같다.

계절의 흐름이 자연적으로 바뀌듯이 공부가 무르익어 가면 맑음이 가속화 된다. 이 무렵 맑음을 증명하듯 하늘의 소리, 관음이 수행을 이끌며 정수리 백회혈을 기점으로 업장소멸을 주도한다.

아뢰야식 중 7식, 8식의 맑음은 마지막 카르마를 설명하고 있음이다. 이 마지막 카르마의 해소를 준비하는 하늘의 소리, 관음(觀音)은 부처님의 제3의 눈인 인당혈에 자리를 잡는다. 맑음이 극대화되면 선정에 들기만 해도 법(法)의 진행이 이마 한중간에 집중되어 관(觀)을 유도한다.

처음에는 관음이 모든 법(法)의 진행을 관장하다가 어느 날 소리의 입자가 고운 빛으로 변한다. 그 빛은 다시 황금의 빛으로 자태를 바꾸면서 인당혈 깊숙이 밀고 들어온다. 마치 어둠을 뚫고 진행하는 터널 속 전동차의 불빛처럼 어둠을 헤쳐 나가면서 서방정토를 넓혀간다.

어둠이 가신 절대계의 문 앞에는 빛의 화신인 아미타불이 서

방정토를 안내한다. 그 곳에는 황금빛으로 장식된 초원과 도시
가 한데 어울려 다음의 세계로 선정을 유도한다. 돈오(頓悟)를
체득한 점수(漸修)는 뒷머리 옥침관을 향하여 빛의 터널을 완성
하고 서방정토의 황홀경을 체험하게 한다.

그러나 카르마는 깨달음의 끝자락까지 붙잡고 늘어져 육신의
형성을 저주하고 미워하면서 전생의 화면을 연출한다. 일시 영
(靈)의 세계에 현혹되어 접신의 쓴맛을 본 경험이 있어 신비함이
나 경이로움은 없지만 처음 대(對)하는 밝음 속의 빙의령에 깜짝
속아 혼돈하기도 한다.

빙의령이 가슴의 명치부근인 거궐, 전중혈을 중심으로 활동을
하는 이유가 거궐, 전중혈은 심장,심포의 모혈(募穴)로서 심장
(心臟)은 5장6부의 임금(君)인 탓이다.
영혼의 거처이며 카르마의 임시사령부 노릇을 하는 거궐, 전
중혈과 함께 간(肝)의 기문혈은 카르마의 근원지이다.
전중혈 위로 옥당, 자궁, 화개, 선기혈은 마지막 카르마의 거
처인 태양관(太陽關)으로 이 혈들이 개혈되면서 마침내 두뇌의
마지막 보고(寶庫)인 태양혈이 열린다.

가슴의 전중혈 위로 답답함을 호소하는 여속법사가 방문했다.

청정한 수행자로서 본회 사범들의 교육을 담당하는 으뜸의 위치에 있어 회(會)의 기둥이며 기획자로서 기대가 크다.

관음법문을 충실히 수행하여 여속법사가 머무는 연구실에는 유독 관음(觀音)이 창궐하여 사범들이 즐겨 찾아가는 수행 장소 중의 하나가 되었다.

수행(修行)시 전생의 독특한 화면이 연출되어 동행하는 수행자들로부터 부러움을 한 몸에 받았던 일이 자주 있었다. 유독 승천하는 용(龍)의 천도 장면만이 계속적으로 나타나는 것을 미루어보아 전생이 황실의 어른이었으리라 추측된다.

영안(靈眼)이 열린 도우(道友)들과 함께 수행 중에 같은 장면의 그림을 동시에 볼 수 있어 공부에 좋은 실례(實例)가 되기도 했다.

'선정(禪定)에 들어가 무심의 삼매에 빠져간다. 왼쪽 가슴위로 넓게 답답함이 전해져 온다. 청년시절부터 담배를 지독하게 즐긴 탓에 기관지에 문제가 있는지 느낌이 확대된다.

무심의 관(觀)으로 법신의 흐름에 맡긴다.

황금(黃金)실로 짜여진 넓은 그물과 그물망 끝에 황금구슬이 조롱조롱 매달린 것이 보인다. 폐(肺)를 둘러싸고 있던 탁기(濁氣)의 얇은 막이 영(靈)의 어떤 모습으로 바뀌어 진다. 이윽고 빙의령의 정체가 금실로 만든 넓은 그물눈으로서 어린 동자(童子)의 손아귀에 지어진 채 빛을 번뜩거리며 천도가 된다.

또 무심에 잠긴다. 가슴 부위가 맺혀있다. 의식의 흐름이 그곳에 멈춘다. 동그랗게 느껴지는 빙의령의 정체가 풀릴 듯하다 말고 시간을 끈다. 더 깊이 무심(無心)의 선정에 빠진다. 드디어 빙의령의 모습이 화면으로 나타난다.

화려한 치장을 한 백마(白馬)의 잔등 위에 반 나신(裸身)의 미모의 여인이 말 갈퀴를 휘날리며 내달린다. 얼마나 예쁜지 지상에서는 그 누구하고도 비교할 수 없는 미모인 듯, 절로 감탄이 나온다.

그 뒤로 무장한 여인들인 수천수만의 기마병 행렬이 따른다.

모두가 반라의 절세미인이다.

태양의 제국이 존재함을 알리며 수많은 무장(武將)과 기마 군사들이 하늘로 향한다.

이윽고 도착한 곳이 아즈나 챠크라의 황금궁전이다.

법신의 빛이 환하게 그들의 모습을 비춘다. 그 빛은 마구니를 잠재우고 환영(幻影)을 지우는 관법의 위대한 힘이다. 그러나 태양제국 무사(武士)의 영혼(靈魂)들과는 아무런 거북함이 없는 듯

하다.

마구니의 장난이라면 무심의 관법을 만나면 불화로에 잔설 녹듯이 사라지는데 이들에게서는 거북함이 별로 전해지지 않는다.

웬일일까? 빙의령이 아니고 선계(仙界)의 메시지인가 당혹스럽다.

선계(仙界)의 메시지라면 텔레파시가 전해질텐데 같은 황금의 빛이지만 그래도 이질감은 있다.

군사(軍士)의 행렬을 뒤쫓아 관(觀)이 지속적으로 지켜보고 있다.

상단전(上丹田)의 모든 경혈이 입구를 닫아 하늘로 향한 진로를 막아 잠깐 동안 행렬을 멈추게 한다. 순간 행렬은 잠시 멈칫하고 대기한다. 선두의 행렬이 기다렸다는 듯이 입구를 정한다. 드디어 천도가 시작된다.

태양혈이다!

옆머리를 열고 나가는 모습이 거북선의 옆 뚜껑처럼 하나하나씩 기세 좋게 열린다. 태양혈을 개혈(開穴)하기 위한 황금의 제국, 태양족의 영혼(靈魂)들이 메시지를 남기고 있다. 인연 있는 수행자는 다시 만날 수 있음이라고…

10) 너희가 공(空)의 도리를 아느냐?

부처님이 보리수나무 아래에서 깨달음을 얻으신 후 중생들에게 법을 전(傳)한다는 것이 너무나 어렵다고 판단하여 다시 열반에 들어가길 원하셨다. 그 때 천상(天上)에서 만류하는 장면이 불전(佛典)에 소개되어 있다.

진리를 중생에게 가르친다는 것이 석가 부처님께서도 결코 만만치 않았음을 밝히고 있다. 불경이 팔만 사천권의 분량으로 법을 설명을 하는 이유가 따로 있다. 그것은 제각기 근기(根器)에 맞춰서 이렇게도 저렇게도 법(法)을 설명하기 위해서다. 그러나 이것도 모자라 어떤 이들은 자가당착(自家撞着)의 법집(法執)을 만들어낸다.

숫타니팟타 등 초기불경을 연구하는 이들이 엉뚱하게 현재의 불교와 초기불교의 이질성을 지적하고 있지만 그것은 나무를 보고 숲을 보지 못하는 결과이다.

초기불교의 당시에는 인쇄술의 미비로 성경의 시편이나 불경이 서사시적으로 암송되어왔던 관계로 그 깊이를 오해할 수가 있다. 허나 시간이 지나 수행의 깊이가 무한대로 진척되고 더구나 중국의 도교(道敎)적인 사유의 사상에 힘입어 변화된 합리적인 서술은 불경의 깊이를 더 해 갔을 것임이 분명하다.

　지식이 두뇌의 기억에서 발생하는 현상계의 사건이라면, 지혜란 눈에 보이지 않는 초자연계의 상황임을 먼저 이해해야 한다.

　두뇌의 기억에 예속된 경험과 선입관으로 만들어진 지식과는 다르게 인간 내면 불성의 씨앗, 즉 주인공인 본성(本性)을 찾는 일이 곧 지혜인 것이다.

　그것은 오직 무심의 수행으로써 얻어지는 선험(先驗)이지 교학(敎學)을 연구하는 철학자에게는 당치 않는 모습일 게다. 그렇다고 교학(敎學)을 무시할 수는 없다. 이것은 일반대중을 교화하는 데는 교학의 대중성과 현실성이 요구되기 때문이다.

　무심(無心)의 세계에서 한 걸음 나아가는 곳이 공(空)의 영역이다. 공(空)은 빈 것도 아니요, 비지 않은 것도 아니라고 설파하지만 그 곳 역시 가보지 않으면 설명할 수 없다.

　무심의 삼매에서는 시공을 초월하여 시간과 공간을 의식(意識)하지 못한다.

　그곳에서는 본인이 어디에 있는지도 모르고, 뭘 하고 있는지를 모를 뿐 아니라 본인의 수행정도 조차 알 수가 없다.

　그러다가 본인의 마지막 부분의 짙은 카르마에 등장하는 집단 영혼들에 의하여 상단전인 두뇌의 경혈이 침범을 당하거나 혹은 어쩌다 사도(邪道)의 강한 탁기로 인하여 막혔을 때 그때 새삼 수행의 부족함을 실감하게 된다.

국내 최고의 수행자로 자처하면서 빙의령의 출몰로 인해 답답함이 경혈을 압박하면 불과 2~3일의 짧은 시간이지만 그래도 한심한 마음이 앞선다.

마치 수십 년의 수행이 하루아침에 사상누각이 된 것 같아 몸 둘 바를 모른다. 아직도 마왕의 눈길에서 벗어나지 못하였음을 자책하며 쥐구멍이라도 몸을 숨기고 싶을 정도다. 20년을 하루같이 열 시간을 경주한 공부의 뒷 끝이라 자괴감이 앞선다.

더욱이 평상심을 놓쳐 탐.진.치의 삼독(三毒)에 육신을 들켰을 때의 당혹감과 부끄러움이 오늘도 수행의 고삐를 죈다.

아즈나 챠크라 개혈 이후에는 수행의 진행이 완만하여 일상과 수행이 잘 구분되지 않는다. 그러나 이곳 역시도 수행의 고삐를 놓쳐 마왕의 유혹에 빠지면 환(幻)의 세계인 상대계로 추락한다. 불가(佛家)에서 득도 이후에 보임(補任)으로 정진을 요구하는 까닭이 여기에 있다.

절대계의 공(空)이란 상대를 인식하는 순간에 나의 존재가 나타나는 것이다. 마치 거울처럼 혼자 있을 때는 아무것도 비춰지지 않지만, 상대가 등장함으로써 거울의 임무가 시작되듯이 절대계의 안에 상대계가 있음을 알 수 있다.

　흔히 세속에서 각자(覺者)라고 내세우는 수행자들의 대부분이 가슴의 중단이 막혀 있는 것을 볼 때면 연민의 정을 느끼지 않을 수 없다. 평생을 수행으로 바친 이들이 아직 에고의 그늘에서 벗어나지 못하고 있음에 안타까울 뿐이다.

　어떤 수행자는 다행히 상단전(上丹田)이 발달하여 지혜의 문턱에 있는 듯도 하지만, 내용을 알고 보면 접신(接神)의 파장으로 인해 영적인 능력만을 발휘할 따름이다.

　그와 반대로 또 어떤 수행자는 마음은 청정하여 관음(觀音)이 주위에 널려 있어도 인식치 못하고서 그저 관음(觀音)을 환청이라고만 몰아세운다. 그리고 한 발 더 나아가 제도권의 수행만이 정도(正道)라 주장하며, 가슴의 빙의령을 질병으로만 인식하고 있어 소중한 업장소멸의 기회를 놓치고 있는 딱한 모습들은 우리를 슬프게 한다.

　　카르마를 인지하면서도 카르마의 본체를 모르고
　　또 알려고도 하지 않으며, 경전속의 교학(教學)만을 추구하여
　　해탈을 꿈꾸고 있는 자(者)들이여!

청정(淸淨)하면서도 청정을 모르고

지식이 아닌 지혜를 찾으면서도 지혜를 모르는 자(者)들이여!

공(空)의 도리를 찾으면서도

지혜의 눈(眼)은 찾지 않는 수행자들이여!

여기 혜안(慧眼)을 열 수 있는 지혜(智慧)의 비기(秘技)가 있으니…

구하라 얻을 것이요!

찾아라 만날 것이요!

두드리라 그럼 열릴 것 이니라!

11) 깨달음은 곧 법력(法力)이 함께 한다

육조 혜능선사는 금강경의 '응무소주이생기심(應無所住而生
其心)'에서 깨달음을 얻고서 출가를 결심한다. 그리고 깨달음의
세계는 '마땅히 머무는 곳이 없이 마음을 낸다'라고 언급하고
있다.

그곳은 반야심경의 곳곳에 자세하게 펼쳐져 있다.

마하반야바라밀다심경
摩訶般若波羅蜜多心經

관자재보살 행심반야바라밀다시
觀自在菩薩 行深般若波羅密多時

조견오온개공 도일체고액 사리자
照見五蘊皆空 度一切苦厄 舍利子

색불이공 공불이색 색즉시공 공즉시색
色不異空 空不異色 色卽是空 空卽是色

수상행식 역부역시 사리자
受想行識 亦復如是 舍利子

시제법공상 불생불멸 불구부정
是諸法空相 不生不滅 不垢不淨 不

부증부감 시고 공중무색 무수상행식
增不減 是故 空中無色 無受想行識

무안이비설신의 무색성향미촉법
無眼耳鼻舌身意 無色聲香味觸法

무안계 내지 무의식계 무무명
無眼界 乃至 無意識界 無無明

역무무명진 내지 무노사 역무노사진
亦無無明盡 乃至 無老死 亦無老死盡

무고집멸도 무지 역무득
無苦集滅道 無智 亦無得

이무소득고 보리살타 의반야바라밀다고
以無所得故 菩提薩埵 依般若波羅密多故

심무가애 무가애고
心無가碍 無가碍故

무유공포 원리전도몽상 구경열반
無有恐怖 遠離顚倒夢想 究竟涅槃

삼세제불 의반야바라밀다 고득
三世諸佛 依般若波羅密多 故得

아록다라삼막삼보리 고지반야바라밀다
阿록多羅三먁三菩提 故知般若波羅密多

시대신주 시대명주 시무상주
是大神呪 是大明呪 是無上呪

시무등등주 능제일체고 진실불허
是無等等呪 能除一切苦 眞實不虛

고설반야바라밀다주
故說般若波羅密多呪

즉설주왈 아제아제 바라아제
卽說呪曰 揭諦揭諦 波羅揭諦

바라승아제 모지 사바하
波羅僧揭諦 菩提 娑婆訶

반야심경을 경전의 우두머리로 추앙하는 것은 다른 뜻은 없다.
불교의 모든 경전은 마하반야바라밀에 도달하기 위해서 정진하는, 달을 가르치는 손가락이요 뗏목이기 때문이다.

반야심경은 깨달음의 경지를 다음과 같이 설명한다.
색(色)과 공(空)이 하나이며, 6불(不)이며, 무상정득정각에 도달할 수 있는 반야바라밀이 곧 지혜임을 밝히고 있다.
지혜란 수행의 끝자락에서 얻어지는 통찰력이다. 머리로만 이해하고 알던 두뇌지식이 어느 날 갑자기 깨달음의 세계로 가슴으로 전달되면서 맑음으로 나타난다. 그리고 그 깨달음이 현실로 연계되면서 현상계의 생자필멸이 아닌 영생의 모습으로 형상화된다.

이때까지 미망을 헤매던 어리석음에서 일어나 아침에 떠오르는 찬란한 태양의 햇빛처럼 무명(無明)의 어둠을 말끔히 씻어 내린다.
그러나 여기에도 함정이 도사리고 있어 자기최면의 환상 속 마야의 경지를 자칫 깨달음의 세계로 착각할 수가 있다.

인간의 두뇌에서 나오는 환상의 세계는 마약의 주성분인 약물로도 가능하고 또 자기최면으로 얼마든지 환영을 만들어낼 수 있다.

본인조차도 속는 자가당착의 깨달음의 환상은 먼저 언행(言行)으로 나타난다. 자기가 부처인양, 조사들의 선어(禪語)를 자기목소리처럼 하며 궤변을 늘어놓지만 고급의 환상은 자신마저 감쪽같이 속일 수가 있다.

일심(一心)과 무심(無心)의 차이는 똑같은 수행의 길이라고는 하지만, 일심은 아직 두뇌의 영향력 아래에 머물러 그 결과를 기대한다. 그러나 결과를 기대하지 않는 무심의 삼매와는 가는 길이 완전히 다르다.

고신도(古神道)수련에서 경혈이론이 반드시 첨가되는 이유는 경혈의 개혈이 바로 무심의 동반자이기 때문이다. 경혈의 개혈은 자연의 흐름과 같이 항시 깨어있는 집중에서 나타나며 심신(心身)의 청정에서 비롯된다. 이와 반대로 경혈의 막힘과 기감(氣感)의 소멸은 청정의 반대현상이다. 그런 연유로 오직 경혈이론만이 자기최면식 깨달음의 착각에서 벗어날 수가 있다.

그렇다하여 기공(氣功) 지상주의자들이 기(氣)를 진리라고 주장하는 것 또한 분명 아니다.

기(氣)란 자연의 흐름으로써 선승(禪僧)들의 배척의 대상도 아니요, 기공수행자들의 집착의 대상도 아닌 자연의 묘한 촉감이다.

흔히 머리로만 깨달음을 얻은 사이비 종교의 교주처럼 입만 열면 깨달음을 얘기하는 자들은 최면술사일 뿐이지 결코 스승은 아니다.

부처란 인도의 산스크리트어 붓다(Buddah)의 사음이다.

붓다란 진리를 깨달았다는 뜻이다. 부처의 깨달음은 위없는 바른 깨달음이라 하여 아뇩다라삼막삼보리(무상정득정각)라 한다. 이는 절대 진리를 깨달았음을 의미한다.

깨달음에서 온 지혜는 천지창조의 힘인 법력과 함께 한다.

그 법력이 지속성이 있을 때 비로소 상대의 카르마를 해소할 수 있으며, 후학들의 수행 단계를 더 높일 수 있다.

다시 말해서 깨달음이란 법력만이 아니라, 그 법력의 지속성이다.

법신(法身)의 힘이 온 누리를 비춰 자신은 물론 상대방의 카르마까지 녹여 업장소멸을 주도할 수 있는 법력을 제외하고는 감히 깨달음을 논할 수는 없다.

부처의 법력은 언어를 사용해서 중생을 교화하는 것이 아니라 '함이 없는 함(爲無爲)'으로써 상대의 본성(本性)을 일깨울 수 있는 능력이다.

그리고 법력(法力)이란 법을 전할 수 있는 힘이며 사랑이며 자비인 것이다. 이것이 전등(傳燈)이다. 그러나 누구나 법을 전해 받을 수는 없다. 초발심을 잃어버리면 수행자로서의 자격은 없다.

이것은 마치 커튼이 쳐진 방에는 햇빛이 비출 수 없듯이 본인 스스로가 닫힌 커튼을 열어야 만이 '함이 없는 함 (무위(無爲)'의 전등(傳燈)이 진행된다.

법력이 없는 깨달음은 착각 속의 행위로서 아무리 난해한 선(禪)문답의 수행승이나 고령(高齡)의 선승일지라도 맑음은 존경 받을 만하나 결코 깨달음은 아니다.

수행자의 도리는 모름지기 더 없는 깨달음을 찾아가는 것이다. 그러기 위해서는 에고(自我)가 없는 청정의 법신(法身)을 키워야 한다. 그리하여 수없는 시간의 행(行)과 무심(無心)을 바탕으로 결과를 기대하지 않는, 오직 '함이 없는 함'을 수행하는데 정진 또 정진을 게을리 말아야 할 것이다.

7장. 단식요법

7장. 단식요법

사람이 질병에 걸리면 제일먼저 나타나는 증상이 식욕이 줄어드는 것이다. 이것은 자연이 지배하는 생명에 대한 자연적인 현상이다.

만약 병에 걸렸을 때 더욱 많은 양의 음식을 섭취하여 영양(營養)을 축적하는 것이 자연의 원리에 맞는다면 식욕은 줄어들지 않고 증가하게 될 것이다.

짐승은 질병에 걸리면 아무것도 먹지 않는다. 집에서 기르는 가축이나 강아지, 고양이들도 병이 낫지 않는 한 절대로 먹지 않는다. 지독한 고열(高熱)과 심한 증상이 있어도 음식만 먹지 않으면 병(病)은 저절로 퇴치되는 원리를 체득한 것이다.

심지어 외과적 수술이 필요한 경우도 마찬가지다.

이처럼 단식은 인간이나 짐승을 막론하고 자연치유력을 되살리는 최고의 치료법이다.

단식은 고통이나 고문이 아니라 정신(精神)과 육체(肉體)의 휴식이며, 자기와의 겨룸이다. 그리고 그 결과는 타의 추종의 불허한다.

통상적인 단식의 몇 가지 상식으로 결과를 조급히 판정하는 것은 옳지 않다.

단식은 진통제를 복용한 것과 같이 금방 결과가 나타나는 것이 아니다. 신체에 머물러 있던 독소(毒素)와 노폐물이 배출된 후에 바른 식생활과 적당한 운동, 그리고 단전호흡 등으로 새로운 육신의 세포를 형성하여 생명력을 완성하도록 지속적인 노력이 필요하다.

본지에 게재한 단식요법은 [수행자를 위한 처방] 임을 미리 밝혀두는 바이다.

1. 단식과 기공(氣功)수련

예수님께서 40일 동안의 광야에서 금식기도를 통하여 하느님의 아들로 거듭나고, 부처님께서는 6년 동안의 절식과 금식의 고행(苦行) 끝에 보리수나무 아래에서 아뇩다라삼막삼보리(무상 정득정각)를 얻게 된다. 중동의 마호메트님도 동굴에서의 오랜 금식기도를 통해서 가브리엘 천사의 인도를 받아 메시아로 태어난다.

　이처럼 모든 성인(聖人)들의 수행과정이 금식기도 즉 음식을 취하지 않음으로써 깨달음의 마지막 경지에 도달하는 것이다.

　기공(氣功)수련 역시 단식수행을 통하여 한 단계 성큼 진보된다는 사실에 우리는 주목할 필요가 있다.

　단식은 인체에 불필요한 잉여지방을 분해할 뿐만 아니라 병소(病巢)는 물론 나쁜 사기(邪氣)까지도 모조리 태워 없앨 수 있다. 단식은 곡기(穀氣)를 끊음으로써 연소체(燃燒體)인 장작더미 대신 인체(人體)내에 필요 없이 축적된 지방(脂肪)을 단번에 연소시킨다.

　이는 음식이 공급되지 않으면 인체는 활동 에너지를 얻기 위해서 몸속의 어떤 부분이라도 에너지가 될 만한 것들은 모두 열량으로 분해 시켜야만 하기 때문이다.

　혈관 벽 속의 콜레스테롤이나 위(胃), 대, 소장(大, 小腸)속의 숙변 등이 평소 때는 순환기 장애의 원인이고 배변의 주범이었다. 그러나 이것들이 음식이 공급되지 않으면 마침내 칼로리로 전환되면서 피를 맑게 하고 장(腸)을 깨끗이 청소하게 된다.

단식을 통하여 치료되는 질환은 현대의학이 포기한(?) 난치병인 고혈압, 당뇨, 그리고 병명이 나오지 않는 심인성질환, 각종 암(癌)등이며 환자 스스로가 느낄 수 있을 정도로 완치에 가깝게 치료되고 있다.

물론 단식요법 이후에도 꾸준하고 지속적인 식이요법과 단전호흡을 겸비한 명상은 필수적이다.

단식을 하면 사기(邪氣)로 막혀있던 경혈과 경락이 정상적으로 가동된다. 혹자는 인체의 자연치유력이라고 말들을 하지만 그 이유는 경혈을 막고 있던 빙의령이 그 힘을 발휘하지 못하기 때문이다.

곰팡이가 습기찬 곳을 좋아하듯이 빙의령도 비만과 숙변 등이 없으면 힘을 쓸 수가 없다.그것은 인체(人體)나 빙의령이나 지기(地氣)의 공급이 없으면 힘을 잃고 생명력을 상실하기 때문이다.

또 하나, 단식을 통해서 얻을 수 있는 것은 우리들에게 자기와의 싸움에서 이겼다는 정신적인 성취감과 만족감이다. 이 성취감은 인간의 최대본능인 먹는 유혹에서 해방되어 자유로울 수 있게 되어 어떤 고난에도 대처할 수 있는 도전정신의 표본이 된다.

　그리고 허기와 굶주림 속에서 남을 생각할 줄 아는 이타심이 개발되며 극한상황에서도 견딜 수 있는 자신감이 넘쳐난다. 몸과 마음이 맑아지면서 순수함이 극대화되고, 머리가 맑아져 집중도가 평소와 비교할 수 없을 정도로 수직 상승을 그린다.

2. 단식요법

　단식(斷食)이 음식을 먹지 않고 곡기(穀氣)를 끊는 것이라면 단식요법은 단식을 하면서 적절한 요법과 더불어 몇 가지의 운동을 포함해서 효과를 증대시키는데 목표가 있다.

　인간의 육신은 너무나 병약하여 한 끼를 놓쳐도 벌써 얼굴에 나타난다. 그러나 그 생명력은 끈질겨 극한 상황에 빠지면 한 달 동안 물만으로도 버틸 수 있고 생명의 한계점에 도달하기 전(前)까지는 의식 또한 명료하다.

　이러한 점을 이용한 단식은 질병의 치료 점을 인간이 극한상황에서 가질 수 있는 자연(自然)치유력을 최대로 높이는데 주안점을 둔다. 허나 이것은 현상계의 일로써 그 결과만을 보고 이론으로 정리한 부분이며 하나의 주장일 따름이지 정설은 아니다.

현대의학에서 암의 발생은 단백질의 공급에 의하여 일어나고 있음이 학계에 보고 되었다. 우리가 음식을 먹는 한은 단백질의 보급은 지속될 것이고 그런 연유로 암의 발생 원인을 제거하기에는 불가능하다는 결론에 도달하였다.

다시 말해 음식을 먹고 있는 동안에는 암의 발생은 멈출 수가 없다. 그러나 초자연계에서는 암의 치료 역시 자연계와는 입장이 사뭇 다르다.

질병이란 빙의령에 의하여 경혈이 막혀 일어나는 것으로 암세포 역시 단백질의 차단이 아닌 빙의된 영(靈)을 소멸시키면 치료가 가능해진다.

그리고 보면 카르마의 원인인 빙의령(憑依靈) 역시도 음식이 공급되지 않으면 지기(地氣)의 기운을 받을 수 없어 활동을 중지하게 된다.

단식을 통하여 병을 치료할 수 있었던 이유는 단식 기간에는 빙의령의 활동이 중지되고 몸 안에 있는 본성(성령)의 활동이 재개되어 경혈의 작용이 원활하게 되었기 때문이다.

아무튼 경혈(經穴)의 개혈이 자연치유력과 같은 선상에 있는 것은 한의학의 이론에 비추어 봐도 부인할 수 없는 사실이다.

곡기를 끊음으로서 오는 극한상황을 좀 더 증대시켜 치료의 효과를 높이고 나아가서는 단식요법을 통하여 기아(飢餓)의 일심에서 카르마의 해소를 증폭할 수 있어 수행자에게 한 단계 높은 수행의 과위(果位)를 선사한다.

한정된 짧은 시간에 몸속의 노폐물을 배설하고 장기들의 원천적인 기능을 되살리기 위해서는 세계적인 권위를 자랑하는 일본 '니시 자연의학' 및 서구의 단식요법을 철저히 연구(硏究)분석할 필요가 있다.

인체는 극한 상황에서 물만으로 1~2개월은 생명을 유지할 수 있다는 게 정설이다. 이러한 단식요법을 성공하는 데는 첫 번째는 마음의 각오이고, 두 번째는 단식을 할 수 있는 주위의 환경이다.

마음의 준비자세와 각오는 단식 중에 일어나는 허기와 권태로움을 극복하는데 큰 몫이 될 뿐만 아니라 목표로 향한 힘찬 발걸음이 된다. 목적을 가진 마음의 준비자세는 단식의 성공을 이미 예견케 한다.

특히 수행자는 구도(求道)의 길에서 처음 만나는 고행(苦行)으로 반갑게 맞아야하며 단식을 즐겨야 한다. 관법이 완성되지 않은 이들에게는 육신의 변화와 마음의 흐름을 관(觀)하며 집중의 단계를 높일 수 있는 기회이며, 대주천 수행자는 빙의령의 정체를 알 수 있는 절호의 순간이다.

건강회복을 위한 단식의 기일은 일반인은 일주일(7일) 단식을 원칙으로 하고 보식(補食)은 3일~7일이 적당하다.

다이어트 단식은 보식(補食)을 길게 잡고, 건강단식은 빠른 회복을 위하여 조심스럽게 시간을 절약해야한다.

정치인들의 투쟁단식이 가끔 매스컴을 통해 보도되고 있다.

현대의학에서는 단식 25일 동안은 지방질이 분해 되고, 단식 26일부터는 인체의 단백질이 분해 된다는 설(說)에 의하여 정치인의 단식은 보통 25일을 넘기지 않는 것을 원칙으로 한다.

이런 연유로 20일 이상의 장기단식은 두뇌세포의 분해로 연결된다는 학설을 근거로 볼 때 권할 수는 없다. 효과 면에서도 장기적인 일반단식은 단식요법이 겸비된 7일 단식과 큰 차이가 없을 뿐 아니라 정상적인 활동에는 많은 회복시간이 필요하다.

특히 재가(在家)수행자에게는 부부생활에도 지장을 초래하게 되며 가능한 회복기의 성생활은 금하는 것을 원칙으로 한다.

1) 방법과 준비

단식은 건강할 때 건강을 지키기 위하여 실행하고, 질병에 걸렸을 때는 질병을 치료하기 위하여 꼭 필요하다. 더욱이 수행자에게는 빙의령의 고통에서 빠져나올 수 있고 수행의 고삐를 잡아매어 '무소의 뿔'처럼 혼자서 갈 수 있는 용맹정진의 절호의 기회가 될 수 있다.

본회(本會)에서는 단식수련은 만행(萬行)과 함께 대주천 수행자는 필히 건너야 할 수행체계이다. 단식수련 이후에는 수행이 급진전하여 빙의령의 천도능력은 물론 상단전의 아즈나 챠크라의 수행이 곧 이어진다.

단식 매니아 수행자는 질병에 걸리거나 혹은 빙의령의 고통이 출몰하면 언제나 단식을 할 수 있는 자세가 되어있어 영적인 장애도 가볍게 대응하게 된다.

때때로 수행자에게 나타나는 요통(腰痛)등의 통증은 먼저 관법으로 신체의 부위를 집중적으로 관(觀)하여 증상을 완화 내지 완쾌시킬 수 있다. 통증부위의 혈(穴)이 열림과 동시에 빙의령의 천도가 이루어지면 통증이 사라진다.

그러나 관법이 여의치 않을 때가 있다.

수행자가 가지는 공력(功力)보다 높거나 더 많은 시간이 필요한 원한의 악령은 심한 통증과 함께 좀체 천도(遷度)되지 않고 견디기 힘든 고통을 선사한다.

이럴 때는 단식요법이 빙의령의 고통에서 바로 헤어 나올 수 있는 하느님의 좋은 선물이 된다. 보통 3~4일의 단식요법으로 빙의령의 파장에서 벗어날 수가 있다.

기공수련자가 가장 두려워하는 원귀의 악령(惡靈)은 일반 초능력자 무당들에게는 능력 밖의 일로써 그들에게는 공포의 대상이 된다. 퇴마는커녕 도리어 침해를 당하여 목숨이 위태로울 정도로 위험한 지독한 악령의 에너지이다.

국내 퇴마사들이 중국의 유명기공교수를 유독 존경하는 이유가 있다. 국내에서 해결하지 못하는 악령의 빙의(憑依)를 천도(遷度)시킬 수 있는 능력을 가진 이를 중국에서 가끔 만날 수 있기 때문이다.

일주일 수련비가 무려 3백만 원이 되지만 빙의령의 고통은 돈으로 계산할 수는 없다.

경험해보지 않은 이는 절대로 모를 까닭에 국내 최고의 퇴마사로 자칭하는 모씨도 무려 9회나 다녀 온 바가 있다. 그러나 이러한 빙의령의 고통 역시 스승의 지도아래 일주일 단식요법으로 무난히 해결이 된다.

만성 질환이 있는 자는 단식기간 중에 병의 악화나 통증을 수반할 수가 있지만 그렇게 염려할 부분은 아니다.

위장질환이나 내과질환이 있는 자는 단식을 시작하면 구토증이 생기거나 복통을 호소할 때도 있고 또 방광질환이 있는 자는 통증이 심해지거나 열이 나며 발진이 생기는 경우가 있다.

이때는 약간의 죽염을 복용하고 명상을 유도하면 저절로 통증이 완화된다. 밥을 먹지 않고 굶는 단식 때문에 영양(營養)이 부족하여 병이 악화되었다는 염려는 할 필요 없다.

통증이 나타나는 것은 그 질병부위의 신경이 재생되었기 때문이며 열이 나는 것은 체내에 있는 병균을 퇴치하기 위한 인체의 자생능력이다. 설사나 구토 역시도 체내의 독소를 배출시키는 자활능력이므로 통증이 있거나 구토나 설사 등이 있다고 해서 염려할 필요가 없다.

'그 정도 그만한 일로 결코 죽지는 않는다!' 는 강한 마음으로 이럴 때일수록 심호흡을 크게 한두 번하고 생수를 마시는 일을 잊어서는 안 된다.

또 이럴 때 죽염을 복용하면 아주 큰 도움이 된다.

주의할 점은 어떤 주사나 약물투여는 절대로 금해야 한다. 심한 경련이나 정도가 심하다고 느낄 때는 각탕(요법에서 참조)을 이용하면 곧 바로 효과를 볼 수 있다.

소모성질환이나 악성 궤양 환자 등은 단식을 금하고 있지만 2~3일간의 단식은 어떤 환자에게도 도움이 되는 것으로 전문가의 지도를 받으면 아무런 문제가 없다.

중풍으로 인한 반신불수는 정상인에 가까운 탁월한 치료효과가 있음을 확신한다. 특히 빙의령으로 고생하는 기공수련자는 단식수행으로 다음단계 고차원의 수행단계로 거듭날 수가 있다.

예비단식을 주장하는 이들도 있지만 예비단식은 절식의 공포를 증가시킬 뿐 별로 도움이 되지 않는다. 대신 단식2~3일전에 구충제복용을 의무로 한다. (기생충학은 별도로 게제)

2) 명상과 단식요법

단식 기간 중에는 하루 2000cc양의 물과 약간의 죽염 그리고 감잎차등으로 7일을 지내고, 8일째 되는 다음날부터 3~7일간 보식에 들어간다. 보식(補食)기간이 지나고 나면 서서히 정상적인 생활로 돌아갈 수가 있다.

단식 중 음식이 생각날 때마다 물을 마시면 되는데 대략 30분마다 마시는 자연수나 정수(淨水) 된 한 컵의 물은 공복감과 기아감을 이길 수 있다.

본회(本會)에서 운영하는 단식원은 시작과 끝이 단전호흡을 겸비한 명상과 단식요법을 병행하는 까닭에 다이어트단식에서 일어나는 요요현상이 발생하지 않는다.

　　단전호흡을 통하여 기(氣)를 체득하여 인체의 경락이 유통되면 체질개선이 일어나면서 자연치유력이 극대화된다.

　　기운의 개통으로 경혈이 열리면 먼저 식습관의 변화가 일어난다.

　　소식(小食)과 채식(菜食)위주로 바뀌는 것은 물론 스트레칭과 조깅의 필요성에 운동이 생활화된다.

　　명상은 정적(靜的)인 것과 동적(動的)인 명상으로 나누어진다. 단식수행 시는 주(主)로 누워서 하는 와공(臥功)으로 참선을 대신하고 가벼운 등산과 느린 동작의 태극권에서 동적인 명상법인 위빠사나를 일깨운다.

▶ 된장찜질

위장과 대·소장에 어떤 이유로 정체물이 쌓이게 되는데 이것이 숙변이다.

한방에서는 적(積)이라 부르며 부인병의 근원이 된다. 현대의학에서도 학설이 분분하여 숙변의 존재유무가 논쟁의 대상

된장
비닐
거즈

이 되지만 숙변이라기보다는 잉여지방이라고 표현하는 게 타당하다.

하여튼 이 정체물이 온갖 질병을 일으키게 되는데 한방(韓方)에서는 보법(補法)보다는 사법(瀉法)으로 체외배출을 유도한다. 대표적인 처방이 실증(實症)에는 계지복령환, 도핵승기탕, 대황목단피탕이 있고 허증(虛症)에는 당귀작약산이 통치방이다.

한의학은 모든 질병을 병증보다는 체형과 체질을 기준으로 처방함으로써 5장6부의 밸런스를 조절하는 것으로 치료효과를 나타낸다. 이처럼 한의학에서 질병을 동일 처방으로 다스리듯 단식을 통하여 숙변제거가 되면 내과질환과 외과질환이 동시에 치료가 된다.

흔히 고질화된 위장병이 완화되면서 위 경락(經絡)상의 무릎 관절염이 동시에 치료되는 경우이다.

단식의 주된 목표가 하수구를 청소하는 방법과 흡사하다.

입구를 막고 - 곡기(穀氣)를 끊고 - 배수관의 노폐물과 찌꺼기를 요법(된장찜질)으로 청소하면서 30분마다 마시는 맑은 물로 깨끗이 씻어내는 과정이다.

단식 중에 마시는 물은 혈관 벽의 노폐물을 씻어내어 혈액순환을 원활하게 하고 장(腸)속의 숙변을 제거하여 신진대사를 활발히 하여 건강한 육체로 다시 거듭나게 한다.

더욱이 노폐물과 잉여찌꺼기인 숙변을 빠른 시간에 제거시키기 위해서는 하루 4시간의 된장찜질이 괄목한 효력을 발생시킨다.

된장은 조상(祖上)들의 지혜인 콩과 소금의 조화로 만든 만병통치약이다. 50년대 시골에서는 머리가 터지는 외상에도 된장을 바르는 응급요법이 예사였다.

당시는 비위생적이고 비과학적이라며 벌레 보듯 하였지만 이것은 소금의 청혈,지혈작용과 된장만의 소염효과를 의미하는 것은 아닐까 추측된다.

단식(斷食)중 된장으로 복부에다 찜질하는 효과는 배꼽 뜸(신궐구법)의 원리와 동일하다. 한의서(漢醫書)에는 1침(針)2구(灸)3약(藥)으로 오래된 병은 뜸으로 다스리는 것을 원칙으로 한다.

배꼽에 뜨는 뜸은 한지(韓紙)에 소금을 놓고 그 위에 강화쑥으로 구(灸)를 하는데 장내이상발효를 치료하고 냉(冷)을 쫓으며 신기(腎氣)를 보양하는 비방이다.

이처럼 복부된장 찜질은 금식으로 인한 충격을 완화시키고 장내의 숙변을 따뜻한 열로써 유동성 있게 하여 체외배출을 촉진하는데 꼭 필요한 요법이다

▶ 각탕 (脚湯)

금강경의 첫 구절에 '가사와 바루를 거두시고 발을 씻으신 다음 자리를 펴고 앉으셨다'에 나오는 세족(洗足)은 부처님의 하루생활의 일부이다.

예수님께서도 12제자들의 발을 씻어주는 예식으로 자기를 낮추고 사랑을 실천하셨다.

인체의 발에는 손과 마찬가지로 각6개의 음양(陰陽)의 경락이 안팎으로 흐르고 있다.

인체의 12경락(經絡)중 발의 6경은, 엄지발가락의 간장. 비장의 경락. 2지의 위장경. 4지의 담경. 5지의 방광경. 발바닥 용천혈의 신경(腎經)이 있다.

발을 씻을 때 경락의 유주에 따라 자세히 꼼꼼하게 씻는 자세는 경락을 지압하는 효과가 있으므로 유념하여야 한다.

각탕은 평상복 차림에서 41℃~43℃온도의 물에 발을 무릎중간부위까지 담그고 항상 상의를 착용한다. 동절기에는 머리위로 두터운 모포를 둘러쓰고 땀이 나도록 유도한다.

傷寒論曰 太陽病 項背强兀兀 無汗惡風 葛根湯主之
(상한론왈 태양병 항배강올올 무한오풍 갈근탕주지)

    갈근탕이 바이러스, 세균 등의 감염에 의한 몸살, 감기(感氣)증에 비교적 즉각적인 효과가 있는 이유는 발한(發汗)에 의한 체온강하와 발한(發汗)에 의한 체액 노폐물 배출 외에도 면역력 증강작용이 있기 때문이다.

-상한론 중에서-

    한방의 갈근탕과 각탕이 추구하는 발한(發汗)은 땀을 내는 행위로써 인체의 면역력을 높이는 맥락에서 해석하여도 무리가 없다.

    그 이유는 민간요법에 콩나물국에 고춧가루를 섞어 맵게 들고 이불 속에서 땀을 푹 내면 효과가 있는 것과 동일하다.

    각탕은 20분 동안하면서 5분 간격으로 더운물을 추가하여 1℃씩 올려가며 하는 발(足)목욕이지만 감기 몸살정도는 한두 번의 각탕 만으로도 씻은 듯이 낫는다.

    경혈이론으로 접근해보면 발의 안쪽 복사뼈 위 3치(寸)에는 간, 신장, 비장의 음맥(陰脈)이 만나는 삼음교(三陰交)의 경혈이 위치하는데 부인병 즉 음병(陰病)의 특효혈이다.

복사뼈와 아킬레스건 사이 양쪽에는 조해, 신맥의 기경8맥의 2혈이 신장, 방광경의 활기를 돕는다.

그리고 4지위에 있는 담경의 족임읍은 허리를 감싸고 운행되는 대맥의 통치혈로써 요통환자는 이곳에 한 침으로 치료되는 대단한 혈점이다. 또 무릎의 칼뼈 옆으로 지나는 위장경락은 6합혈(六合穴)이라 불리는 인체의 5장6부를 치료할 수 있는 경혈이 포진되어 있다.

각탕은 작은 의미의 경락마사지와 같으므로 면역력과 자연치유력을 최대로 증가시키므로 질병이 치료됨은 당연한 귀결이다.

하루 일과를 끝낸 저녁시간이나 잠자기 전에 실행하면 효과적이나 낮 시간 때에도 얼마든지 가능하다.

각탕을 하면 인체의 경혈이 열려 온몸에 땀이 나면서 기분 좋은 이완감에 젖는데 신장병, 당뇨, 불면증 등에 효과적이다.

각탕이 끝나면 샤워나 땀을 씻지 말고 타월을 사용하여 닦는다.

단식 중에는 생수와 감잎차, 죽염을 먹어서 수분과 비타민C 염분을 충분히 보충한다.

▶ 풍욕 (風浴)

피부는 폐와 동일한 기능을 가지고 있으며 스스로 피부호흡을 통하여 몸속의 노폐물을 밖으로 배출하는 중요한 역할을 하고 있다.

인체 1/3 이상의 화상(火傷)은 생명을 빼앗아 갈 정도로 치명적인데 이것 역시 피부호흡의 결여에서 나타나는 위기현상이다.

단식 중에는 적어도 하루 2회 이상 풍욕을 실행함으로써 소홀하였던 피부건강을 정상기능으로 되돌려주게 된다.

인간의 육체는 더울 때는 더위와 함께 해야 하고, 추울 때는 추위를 견디도록 되어있다. 혹서(酷暑)를 이길 수 있는 방어체계인 피부의 땀샘의 기능을 원활히 하고 또 혹한(酷寒)의 추위를 막을 수 있는 피부의 수축작용을 증강시켜야만 면역력을 키울 수 있다.

그러나 현대의 건축시스템은 철저한 냉방과 난방을 기본으로 한 탓에 피부호흡의 기능을 완전히 무시한다.

현대인들은 진통제의 효과처럼 금방 느낌이 나타나야 인정하는 인스턴트 식(式)의 사고로 인해 피부호흡과 기능을 중요시하지 않는 경향이 있다.

　　그러나 단식 중에는 평소 때의 생활리듬과는 판이하게 구분되어 인체의 장기들이 생(生)과 사(死)의 길목을 헤매고 있음을 주지해야 한다.

　　단식 중 얼마의 시간이 지나면 몸에서 지독한 악취를 풍기게된다. 한참 신경이 예민할 때라 기분에 거슬리는 말은 서로 조심해야 하지만 풍욕을 하면 냄새가 얼마나 지독한지 도저히 같이있지를 못할 정도이다.

　　풍욕을 하게 되면 피부호흡을 통하여 체내에 축적되어 있는니코틴과 알코올의 잔류독성이 분해 된다. 그리고 중금속, 약물중독으로 인한 노폐물까지도 배출시킬 수 있다.

　　특히 아토피성 피부염으로 고생하는 환자나 가족들에게는 풍욕을 권장하고 싶다. 그리고 평소 풍욕을 즐겨하면 감기예방의효과도 매우 뛰어나다.

　　삼림욕, 해수욕, 냉수욕 등이 피부를 단련시켜 피부호흡을 원활하게 하지만 풍욕 또한 방법이 간단하고 용이하므로 언제 어디서나 실행할 수가 있다.

　　몸을 뒤집어 쓸 모포 1장만 있으면 가능하니까 자칫 효과를 의 심하기도 한다. 그러나 천만에 말씀! 풍욕은 일찍이 선인(仙人)들의 건강(健康)비법으로도 전해져오고 있다.

- 준비물 : 몸을 덮을 담요, 시계(풍욕테이프)
- 방법
  (1) 창문을 열고 환기를 시킨다. 풍욕은 발가벗고 하는 것을 원칙으로 하기 때문에일출(日出)전이나, 일몰(日沒)후에 불을 끄고 약간 어두운 곳이 좋다.

  (2) 풍욕을 하는 시간은 대략30분 정도인데 20초 동안 담요를 덮었다가 1분간 벗고,30초 동안 덮고 1분간 벗고, 계속하여 10초 간격으로 시간을 늘려 120초를 마지막 으로 해서 마친다.

  (3) 풍욕을 하는 시간에도 호흡을 놓치지 말고 수식관과 단전호흡으로 시간을 조절할수 있도록 집중해야 한다.

  (4) 앉아있기가 힘든 환자의 경우는 누워서 한다.
     간병인이 곁에 있어서 담요를 덮었다 열었다 하는 것을 거들어준다. 중환자는 실온에서 하는 것을 원칙으로 하고

1일 8회 이상으로 한다.

풍욕을 여러 번 할 때는 한번하고 난 다음 30분 휴식하고 그 이후 풍욕을 계속한다.

(5) 식사 전후 1시간이 좋으며 목욕 전에는 어느 때도 가능하나, 목욕 후에는 1시간이 후(後)가 좋다. 풍욕을 한 후 조금 쉬었다가 목욕을 해도 관계는 없다.

(6) ① 20초 동안 벗고 있을 때 :

　　양손을 뜨거워질 때까지 비벼서 기(氣)를 충만 시켜 두 손으로 눈동자를 가만히 덮는다. (이때 눈동자를 아래로 위로, 좌로 우로, 한 바퀴 돌리고 반대로 돌린다)

② 30초 동안 벗고 있을 때 :

　　양손을 문질러 양쪽 귀를 2지와 3지 사이에 넣고 마사지 한다.

　　다시 양손을 비벼서 얼굴을 밑에서 위로 마사지 한다.

③ 40초 동안 벗고 있을 때 :

　　손바닥을 뜨거워질 때까지 비벼 손끝으로 머리 전 부분을 툭툭툭 지압한다.

　　다시 양손을 비벼서 얼굴을 밑에서 위로 마사지 한다.

④ 50초 동안 벗고 있을 때 :

박타공을 실시한다. (손바닥으로 팔의 안쪽부터 두드
리면서 서서히 바깥쪽으로 쳐서 내려 손등까지 2회 두
드리고 교대하여 반대 손바닥, 팔 안쪽 어깨, 목 주위
다시 어깨 팔 바깥쪽으로 2회 두드린다)

⑤ 60초 동안 벗고 있을 때 :

발목을 안쪽과 바깥쪽 번갈아 돌려준다. 발바닥 용천
혈을 두드린다.

⑥ 70초 동안 벗고 있을 때 :

반대 발목을 위와 같이 시행한다. 발목은 신장, 방광경
의 통치(痛治)혈이 있는 곳으로 발목 돌리기는 해당 장
기의 기능을 극대화시킨다.

⑦ 80초 동안 벗고 있을 때 : 붕어 운동을 한다.

⑧ 90초 동안 벗고 있을 때 : 보관 운동을 한다.

⑨ 100초 동안 벗고 있을 때 : 합장합척 운동을 한다.(최
대한 느린 동작이다)

⑩ 110초 동안 벗고 있을 때 : 붕어운동을 한다.

⑪ 120초 동안 벗고 있을 때 : 보관 운동을 한다.

▶ 냉온욕(冷溫浴)

동의보감에 의하면 급박한 복통환자에게 먹이는 음양탕은 펄

펄 끓는 열수(熱水)에다 갑자기 차가운 물을 몇 숟갈 떨어뜨려 대류현상(찬 기운은 아래로 가고, 더운 기운은 위로 올라오도록 함)을 일으킴으로써 무기력한 장기의 기능을 회복시키는 처방이다.

처방은 간단하나 그 효과는 심한 복통일수록 대단하다.

냉온욕은 이러한 대류현상을 몸 전체에 확대시키면서 혈액순환을 촉진시키고 신진대사의 기능을 회복시킬 수가 있다.

냉탕과 온탕을 번갈아 들어가면서 목욕하는 방법인데 그 효과 역시 기대해 볼만하다.

한의학의 기본 테마로 음양의 조화인 수승화강(水勝火降)으로 건강을 되찾게 한다.

냉온욕은 수승화강과 아울러 몸속에 쌓인 노폐물을 체외로 배출시키며 특히 단식수행 중에는 약물중독으로 인한 약화(藥禍)까지도 청소할 수 있는 까닭으로 매일 냉온욕을 한다.(신체의 노폐물 중 3분의 1 이상이 피부를 통하여 배출된다.)

단식 중에는 화학물질이 첨가된 치약, 비누 등의 사용을 일체 금해야 한다.

치약에는 표백제가 다량 함유되어 있어 아무리 입안을 깨끗이 헹군다 해도 치명적인 영향을 줄 수 있다. 마찬가지로 비누, 샴푸사용을 일체 금(禁)한다. 대신 소금으로 양치질하고 머리도 소금을 발라 씻는 등 세심한 주의가 필요하다.

특히 단식 중에는 누구나 환자가 되는 것으로 화공약품이 첨가된 생활용품은 가능한 피해야 하고 무조건 자연적인 것이 좋다.

• 방법

① 처음에는 냉탕에서 1분 동안 있는다. 냉탕에 들어가기 전에 찬물을 바가지에 떠서 왼발 오른발, 왼쪽무릎 오른쪽무릎에 한 바가지씩 끼얹는다. 점차 심장 쪽으로 올라오면서 배와 가슴 그리고 왼쪽어깨 오른쪽 어깨에 끼얹는다.

그런 후에 냉탕에 들어가면 된다. 냉탕에 들어가면 냉기에 소름이 끼치는데 이때 온몸 구석구석 손바닥으로 마사지하며 특별히 지방질이 많은 부위나 평소에 아팠던 부분을 심도(深度)있게 마사지 한다.

② 냉탕에서 1분이 지나면 온탕으로 들어가는데 여름과 겨울의 물 온도가 차이가 나고 체감온도도 역시 다르니 힘이 들 수가 있다. 그러나 냉탕에서는 피부마찰을 온 탕에서는 몸을 이완시키며 편안히 휴식에 들어간다.

③ 같은 방식으로 냉탕과 온탕을 1분씩 번갈아 들어간다. 냉탕에 8회 온탕에 7회씩 들어갔다 나와야 끝이 난다.

냉탕1분 온탕1분을 1회전으로 7회 실시하고 마지막에는
냉탕에서 1분으로 마친다.

• 주의사항

① 순서와 횟수 시간을 되도록 정확히 지킬 것. 그리고 냉탕
에서 시작하여 냉탕에서 끝낸다.

② 냉탕에서는 온몸 마사지나, 앉아서 제자리 뛰기 등으로
활발하게 움직여 준다.

온탕에서는 복식호흡만으로 시간을 셈한다.

③ 단식 중에는 온탕에서 일어서서 나올 때 누구나 현기증
을 느낄 수 있다. 그러므로크게 걱정하지 않아도 된다.

④ 생리중인 여성의 경우, 탕 속에 들어가지 못하므로 샤워
기를 사용하거나 찬물과 더운 물을 번갈아 끼얹어 주는
방법으로 냉, 온욕을 실시한다.

이 방법 역시 냉수에서 시작하여 냉수에서 끝난다.

⑤ 일반적으로 온탕의 온도는 41C~42C 냉탕의 온도는
14C~18C가 적당하다.

일반 가정에서는 욕조에다 온탕의 온도를 맞추고 샤워
기로 찬물을 끼얹는 방법으로도 충분한 효과를 가질 수
있다.

⑥ 열이 있는 환자는 냉, 온욕을 삼가한다.

3. 운동요법

1) 붕어 운동

직립으로 생활하는 인간은 장(腸)의 연동운동이 자율신경에만 의지하게 되는데 동물의 보행(步行)시 눈여겨보면 뱃살과 함께 내복의 근육이 파도처럼 움직임을 알 수 있다.

동물들은 변비가 있을 수 없다. 건강도인술에 있는 호보(虎步) 걷기의 호랑이 걸음이 붕어운동의 변형이다.

붕어운동은 척추의 미세한 진동으로 경직되어 있는 경추와 척추, 그와 관계되는 근육을 부드럽게 하여 척추교정의 효과도 가지게 된다.

무엇보다 장(腸)의 기능을 원활히 하여 변비를 예방할 수 있어 미용에도 좋은 목표가 된다. 말기 대장암을 극복한 사례가 있을

정도로 탁월하다.

시중에 판매하는 붕어운동용 운동기구보다는 자기 몸 전체를 움직일 수 있는 자체 운동요법이 더 효과적이다. 스스로 하기 힘든 환자이거나 관장을 한 이후나 배가 꼬이듯이 아플 때는 간병인이 양 발목을 잡고 흔들어 주면 효과가 크다.

• 방법
　① 똑바로 누워서 두발을 붙이고 발목을 당기고 두 속을 깍지 껴서 목 뒤로 받치고 붕어가 헤엄치듯이 몸을 좌우로 리드미컬하게 흔든다.
　② 시선과 발끝이 같은 방향으로 하고 입으로 숨을 크게 후, 후 토하면서 탁기를 빼며 천 천히 10회 이상 움직이고 다음에는 작은 동작으로 허리를 잔잔히 흔든다.

2) 모관 운동(모세혈관운동)

흔히 천병(天病)이라 불리는 간질환자는 발작(發作)시에 사지를 뒤흔드는 경련이 일어나는데 외관상 보기는 흉하지만 그것은 인체의 자활능력의 본보기이다.

이는 모세혈관의 움직임이 경련으로 표출되는 것으로 에너지의 차원에서는 기(氣)를 보충하는 최대의 효과를 가질 수 있다.

• 방법
① 똑바로 누워 팔과 다리를 몸과 직각이 되게 들어 올린다. 고개는 바닥에 댄 채로 손발을 가만히 떨어준다.
② 발목을 당기면 방광경을 자극하는 효과가 크고, 발목을 밀면 위경을 스트레칭 하는결과이므로 번갈아 하면서 움직임을 유도한다.
③ 봉합수술을 받을 만큼 큰 상처(20바늘)도 30~40분의 모관운동으로 저절로 봉합이 될 정도로 강력한 에너지를 만들어 낸다.
병원으로 이송하는 환자는 계속하여 모관운동을 유도한다. 옆에 있는 간병인이 흔들어주면 상처는 지혈이 금방 되며 30~40분후에는 봉합수술을 받을 필요가 없어진다.

그렇다고 상처를 금방 시험해서는 안 된다. 봉합 수술과 마찬가지로 조용히 감싸며 행동을자제 한다. 상처에 힘을 주거나 신기하다고 지나친 자세를 취하면 다시 벌어진다.

3) 합장합척 운동

합장합척을 하게 되면 아랫배의 복근력이 강화되는 운동으로 임산부에게 특히 권하는 요법인데 거꾸로 서있는 태아(胎兒)도 이 운동을 꾸준히 하면 제 위치로 돌아올 정도로 효과적이다.

처음에는 10회 정도의 횟수로 시작해서 차츰 속도와 횟수를 조절하면 몸에 익게 되어 무난하게 하게 됩니다. 특히 7개월 이상의 산모는 출산(出産)일이 가까워질수록 매일 열심히 반복한다.

• 방법
　① 편안히 누운 상태에서 양손바닥을 맞대어 가슴에 그리고 두발을 구부려 양발바닥을 각각 맞댄다.
　② 마주친 팔과 다리를 동시에 두 팔은 머리위로 다리는 아래로 스트레칭한 후 다시원상태로 오므려 주기를 반복한다.
　③ 스트레칭일 때 숨을 토하고 오므릴 때 숨을 마신다. 속도

는 보통빠르기로 하는 것이원칙이나 익숙해지면 느린 동작과 아주 느린 동작으로 호흡을 조절한다.

아이가 거꾸로 자리 잡은 임산부에게 이 운동을 15일간 시켰더니 곧 제 위치를 잡았다는임상(臨床) 보고가 있다. 또 습관성 유산이 있는 임산부에게 머리끝 백회에 드라이 기구를 사용하여 뜸의 역할을 하면서 이 운동을 병행하여 하혈을 멈추게 하고 순산을 도와 성공한 예도 전해진다.

4) 용천지압 운동

발바닥에 있는 용천혈은 발바닥 1/3 부분에 사람 인(人)처럼

생긴 근육선 중간지점에 있는데 용맹스런 기운이 넘치는 샘이다. 신장의 기시혈이며 고신도(古神道)수련의 대주천의 마감혈이다.

발바닥을 마사지함으로써 용맹스러운 기운(氣運)을 얻고 또 상기(上氣)때문에 일어나는 현상인 두통, 어지럼증 등을치료한다.

고3병(高三病)으로 불리는 긴장으로 인한 스트레스와 불면증도 능히 물리칠 수 있는 운동요법이며, 정력을 강하게 하고 술로 인한 주독(酒毒)을 쉽게 퇴치 할 수 있는 특효처방의 경혈이다.

• 방법

✱ 첫 번째 포즈

① 두발을 어깨 넓이로 벌리고 서서 발끝으로 땅을 딛고 발뒤꿈치를 들고 좌로 이동하며발을 놓고다시 우로 이동하는 식으로 번갈아 한다.

② 양손을 허리에 대고 몸을 반듯이 하면서 발바닥의 느낌을 느끼고 발바닥의 느낌을 관한다.

✱ 두 번째 포즈

① 검도의 기본보법으로서 오른발을 앞에 왼발을 뒤로 두고 앞발의 끝이 뒷발의 시작으로나란히 두고 발과 발 사이

는 자기 발 폭보다 조금 넓게(1.5배) 십일 자로 둔다.

왼발의 시작이 오른발의 뒤꿈치가 되고 옆으로 오른발의 넓이보다 1.5배 크게 벌린다.

② 두발을 앞으로 이동하고 다시 원래 위치로 뒤로 이동하고 원래 위치, 우(右)로 이동하고 원래 위치, 좌(左)로 이동하고 원래 위치로 전환하는 8개 동작이다. (앞으로 이동할 때는 오른발이 먼저 이동하고 왼발이 따라간다. 뒤로 갈 때는 왼발이 먼저 이동하고 오른발이 따라간다)

③ 왼발 뒤꿈치는 3Cm정도 들고 오른발 뒤꿈치는 들었다 놓았다 하면서 이동하기 쉽게 한다.

4. 명상(冥想)

명상은 단식(斷食)요법 중에서 가장 필수적이지만 종교인을 제외하고는 접근하기 힘든 과목이다. 그러나 명상을 빠뜨리고는 소기의 효과를 기대하기는 힘들다.

다이어트 단식이 실패하는 원인이 요요현상인데 국내의 유명한 곳이라도 그 단식원을 나서면 몇 주일 내에 몸무게가 원상(原狀)으로 돌아가는 게 보통이다.

단식이 아무리 좋은 비법일지라도 지속성이 떨어지는 일회용이라면 괜히 사람 고생만 시키는 결과를 초래한다.

환자의 경우에도 병세가 조금씩 차도가 있는 듯하다가는 다시 병마와 싸우게 되고, 그렇게 단식원을 2~3회 출입하다보면 좌절감에 빠지게 된다. 그 이유는 단식효과의 지속성에 문제가 있기 때문이다.

분명히 단식은 위대한 자활능력을 키워 주는 것이 확실하지만 그 효과가 기대한 것처럼 오래가지는 못한다. 단식요법이 결코 만병통치가 아닌 것은 동서양의 의학들이 너무나 잘 설명하고 있는데 특히 한의학에서는 경락의 흐름을 예의 주시하고 있다.

우주 만물의 모든 생명력이 기운(氣運)일진대 기(氣)가 다니는 통로인 경락이 막혀있으면서 질병이 치료된다는 것은 요원한 일이다.

기공(氣功)수련이란 생명력을 키우는 심신수련법으로 고대로부터 전해 내려온 신선(神仙)들의 양생법이다. 그러나 이것은 우리가 알고 있는 어림짐작의 수행법이거나 혹은 어떤 수련단체가 주장하는 기법이 결코 아님을 분명히 알아야한다.

고신도(古神道)의 명상수련법은 동공(動功)과 함께 체계적이고 전통적이며 또한 그 효과가 확실하다.

1) 동공(動功)과 등산

우주만물이 하나의 기(氣)로 되어있다는 설(說)은 한의학이 기(氣)의학으로 발전하는 계기가 되었다. 사람은 음식물을 통하여 기본에너지인 기(氣)를 축적하고 운동을 통해서는 활력을 얻을 수 있다.

그러면 도대체 기(氣)란 어떤 물건인가 혹은 물체인가?

한마디로 표현하면 기(氣)란 전기와 같은 형체로써 전기를 만졌을 때처럼 짜릿짜릿하거나 혹은 스파크가 일어나서 강렬해지기도 하고 또 -극에서 +극으로 당기는 듯 자력이 있다.

동공(動功)을 통해서 위와 같은 느낌이 손바닥 장심인 노궁혈에 느껴지면서 인체를 순환하게 된다.

① 동공(動功)

동공(動功)은 대략적으로 세 가지가 기본유형으로서 수천 년을 전해져 내려오고 있다.

첫 번째가 태극권형의 느린 동작이다.

중국 소림사 달마조사가 만들었다는 태극권은 이제는 전 세계인이 즐겨 연마하고 있다.특히 서구유럽과 북미에서는 '움직이는 명상' 으로서 자리 매김하고 있다.

명상을 하면 뇌파가 알파파로 변하면서 인체 내에 엔돌핀이 그 어떤 환경에서보다 많이 생산된다는 것이 과학적으로 입증되었다. 태극권의 느린 동작이 선승의 참선 때와 동일하게 α파를 최고로 만들어내고 있음이 밝혀졌다.

두 번째가 "스트레칭"으로써 서구인들이 인도의 요가나 태극권에서 발췌하여 하나의 독립된 운동요법으로 발전시키고 있다.

우리가 흔히 기지개를 켜면 온몸이 나른함에서 기분 좋은 긴장감으로 변하게 되는데 그 이유는 기(氣)가 온몸 속으로 경락을 따라 충만하기 때문이다.

50견으로 불리는 어깨관절염은 중년의 반갑지 않은 손님이다. 정형외과의 물리치료 요법 중 스트레칭운동만이 치료의 시간을 단축시킨다.

3000여년의 전통을 간직한 인도의 요가는 유연과 부드러움의 대명사이다. 스트레칭의 효과가 몸의 유연성을 키우게 되고 젊음을 유지(維持)할 수가 있다.

태극권 역시 느린 동작이 주된 부분이지만 자세의 완성은 스트레칭을 요구하고 있다.

이와 같이 수천 년을 이어온 체조(요가, 태극권 등)는 인체에 기(氣)를 느끼게 하고 순환시키며, 저장(貯藏)할 수 있는 기법이기에 당연히 인구에 회자(膾炙)되는 것이다.

세 번째가 손발을 흔드는 모세관운동이다.

신체의 어떤 부위를 막론하고 흔들 수 있으면 기(氣)를 만들 수 있고 모을 수 있다. 봉합수술을 받아야 할 정도로 손에 난 큰 상처가 30~40분의 손 흔듦으로 저절로 봉합되는 현상은 기(氣)의 엄청난 에너지 작용을 의미한다.

흔히 무당이 신(神)을 불러 영(靈)을 내릴 때 대(竹)를 잡고 흔드는 흔들림도 같은 맥락으로 해석할 수 있지만, 자기본인의 의식과 무관하게 흔들리는 것은 곧 귀신의 장난임을 알아야 한다.

이러한 흔들림을 진동이라고 표현하면서 수련생에게 권하는 기법은 무녀(巫女)의 기도행위와 다름이 없다. 자기 의지와는 상관없이 몸이 흔들리거나 혹은 어떤 기운의 동작이 나오는 것을 무드라라고 한다.

이러한 행위가 병의 치료에 약간의 도움은 있을 수 있으나 결코 권할 수 있는 방법은 아니다. 중국기공에서는 자발동공이라 부르기도 하지만 자신의 의지와 상관없는 움직임은 무당이 대(竹)를 잡는 행위와 같다.

※ 동공을 하면서 주의할 점

첫째. 본인의 의지와 관계없이 떨림이 오거나 어떤 행동이 일어나면 즉시 중지해야 한다.

둘째. 생각을 일으켜 환상의 그림을 그리는 행위는 자기 최면임으로 금해야 한다.

조용한 호숫가에 앉아서 그 고요함을 즐기는 모습을 상상으로 만들어하는 명상이거나 혹은 내 마음에 일어나는 탐욕, 성냄, 어리석음 등의 삼독(三毒)을 어느 한 점에다 끊임없이 내던진다는 생각으로 집중하는 자세는 자기최면일 따름이다.

이런 수행법은 작은 효력은 있으나 결코 전부를 얻을 수 없을 뿐 아니라, 나중에는 자기가 만들어 놓은 파장에 저급령의 영적인 주파수가 맞으면 접신이 되어 맹신자로 전락하기 쉽다. 정신분열증으로 입원하는 환자의 3분의 1이 잘못된 기공수련 등의 명상수행으로 일어난 현상이라니 정말 조심하지 않을 수가 없다.

깨달음이 깊은 스승의 도움이 없으면 함부로 수행을 해서는 안 된다. 진리란 전통과 무관하지 않으며 지속적인 생명력이 곧 진리임을 명심해야한다.

남방불교 전통의 수행법이 관법(觀法)이다. 비록 북방불교의 간화선인 화두선에 밀려 한동안 의기소침하였지만 참선(參禪)문중에서도 관법을 중시한다.

관법(위빠사나)이란 삼매에 들어가기 위한 초기단계인 일심

(一心)이다.

'몸에서 일어나는 감각을, 마음에서 일어나는 느낌'을 놓치지 않는 수행법으로써 무심으로 보는 깨어있는 자세이다.

동공(動功)을 통하여 기(氣)를 느낄 수 있는 가장 빠른 곳이 손바닥의 노궁혈이다. 손바닥에 일어나는 느낌을 관(觀)함으로써 기(氣)를 모을 수 있다.

손바닥에 일어나는 기(氣)를 느끼기 위해서는 두 귀를 쫑긋 세우듯 집중해야 한다. 집중한다는 그 자체가 일심(一心)이며 우리 몸에 기(氣)를 모을 수 있는 방법이다. 돋보기로 햇빛을 모으는 그 자체가 집중의 효과이다.

② 등산과 산책

단식 중에 등산은 필수적이지만 적당한 거리의 산길보행이 좋다.

일상의 사회활동을 계속해도 큰 문제는 없으나 그래도 휴식이 최고의 효과를 나타낸다. 산책은 정지되기 쉬운 근육을 풀어주는 효과가 매우 크다.

그리고 보행을 할 시에도 언제나 집중을 놓치지 말아야 한다. 발걸음을 옮길 때마다 왼발! 오른발! 하면서 몸을 관(觀)해야 한다. 처음에는 발의 좌우를 집중하고, 다음에는 발바닥이 땅에 닿는 촉감을 자세히 느끼고, 그 다음에는 발바닥의 느낌을 관하는 집중법이다.

한의학에서는 신장의 수(水)기운은 위로 올라가고 심장의 화(火)기운은 아래로 내려오는 수승화강의 밸런스를 유지해야만 건강을 지킬 수 있다고 한다.

심장의 화(火)기를 내리게 하는 가장 좋은 치료법이 보행인데 발바닥을 관하는 산책은 보행을 통하여 수승화강을 이루고 집중도를 높여 삼매에 들어갈 수 있는 동공(動功)의 수행요처이다.

발바닥의 느낌을 관(觀)하다보면 느낌이 심안으로 보이는 듯하다. 심안(心眼)을 연다는 것은 느낌의 강도가 강해지면 어느 날 우연히 느낌의 감각이 화면으로 나타나게 된다.

2) 내공(內功)

의자에 기대는 편한 자세나 누운 자세에서 기(氣)를 모으는 수행법은 환자나 스트레스에 찌든 현대인에게는 휴식과 함께 도(道)를 닦을 수 있는 절호의 기회이다.

특히 단식 중에는 심신이 극도로 쇠약해지는 탓에 가부좌의 자세보다는 더욱 효과적이다.

단전호흡이란 하복근(아랫배 근육)의 발달이 있어야만 앉아서 자연스럽게 행(行)할 수 있다. 초기 수련 시에 좌공(坐功)이나 서서하는 단전호흡은 단전의 위치를 잡지 못하고 기(氣)를 위로 뜨게 할 위험이 있다. 기운이 뜬다는 것은 상기(上氣)병의 원인이 되고 자칫 심하면 영적(靈的)인 장애가 생기게 된다.

편안한 자세에서 하는 수식관(數息觀)호흡은 명상 중에 떠오르는 온갖 생각의 잡념을 숫자를 세는 것만으로도 마음을 일심(一心)으로 모을 수 있다.

들이쉬고 내 쉬는 호흡을 숫자로 헤아리면서 집중을 유도하는 방법은 부처님이 깨달음을 얻으신 비결중의 핵심 호흡으로 [대안반수의경]에 자세히 소개되어 있다.

모든 종교의 기도나 참선이 똑 바른 자세인 정좌나 결가부좌를 요구하고 있다면 고신도(古神道)의 내공 수행법은 단전을 발달시키는 호흡법으로 와공(누운 자세)을 시작으로 하는 까닭에 단식 중에는 너무나 용이하다.

첫술에 배부르지 않듯이 인체의 회로가 금방 가동되는 것은 아니지만 '천리 길도 한 걸음부터' 라는 속담처럼 기초를 완벽하게 다져야 기대이상의 효과를 만끽할 수가 있다.

일반인들도 열심히 노력하면 일 개월 정도에 하복근의 근육을 발달시킬 수 있다.

하복근의 발달만으로도 정상적인 수행을 할 수 있는 단전호흡법은 짧은 시간에도 우주의 기운을 모을 수 있는 수련의 백미이다. 특히 단식 중에는 인체의 반응이 굉장히 예민해지므로 쉽게 내공 수련에 접근할 수가 있다.

5. 관 장(灌腸)

단식을 하는 기간에는 자연적으로 대장(大腸)의 운동이 둔화되거나 휴식상태에 들어간다. 변의가 있어도 음식이 공급되지 않는 까닭에 배설이 되지 않는데 그때는 관장을 통하여 배변을 유도해야 한다.

만약 단식 중에 관장을 하지 않게 되면 장내의 숙변을 제거하지 못하므로 무수히 많은 노폐물이 그대로 남게 되어 체내에는 독소로 꽉 차게 된다.

이러한 체내의 독소는 신장(腎臟)의 부담을 높여 신부전증이나 신, 방광의 장애를 일으키는 주요원인이 된다.

한의학의 처방에 보법과 사법이 있다.

보법이란 허약한 장기를 보(補)하는 것이며, 사법이란 체내 독소의 배출을 유도함으로서 급성의 질환을 조기에 치료할 수 있다.

예를 들어 급체는 먹은 것은 토(吐)하는 것을 먼저하고 또 어혈에 의한 질병은 몸 밖으로 배출하는 것을 제일목표로 한다.

그런 다음에 일어나는 작용에 대치하는 치료법이다.

어혈(瘀血)제로 사용하는 복숭아씨 계통의 도인(桃仁)제류의 도핵승기탕 등의 탕증은 부인병의 생리불순, 생리통, 냉(冷)증, 복부팽만감, 현훈(어지러움) 수장(手掌)부 작열감, 구순(口脣)건조, 백대하등 부인복부 제 질환에 특효의 처방이다.

단식기간 중 숙변만 제거되면 상기증상이 씻은 듯이 없어지는 것만으로도 단식의 효력을 실감할 수 있다.

아이가 갑자기 열이 오르거나 중풍, 간질, 심장이상 등의 갑작스런 급성 증상에 관장법만 알아두어도 증상을 완화시킬 수 있는 응급처방이다.

오래된 만성변비는 관장을 하면 쉽게 변을 볼 수 있으며 특별한 부작용은 없다. 그러나 습관성이 되면 곤란하므로 단식을 통하여 체질개선을 이루는 것이 바람직하다.

시중에 판매되는 관장액을 사용해도 무방하지만 그 액은 비눗물과 별다른 차이가 없다. 단식 중에는 생수에다 볶은 소금 그리고 마그밀액을 적당량 섞어 사용하는 것이 도움이 된다.

- 준비물 : 생수, 대야, 관장기, 볶은 소금 약간, 마그밀액, 올리브유나 참기름, 화장지
- 관장하는 법
  ① 관장액 : 1000cc정도의 물에 소금 2스푼과 마그밀액(3.4정 분량)을 섞는다.
  물의 온도는 미지근한 정도인 25℃~27℃이다.
  ② 왼쪽으로 편안하게 누워서 왼쪽다리를 길게 뻗고 오른쪽 다리는 엉거주춤 구부린다. 항문과 관장기 주입부분에 올리브유를 바른다.
  ③ 관장기 반대쪽 끝을 물속에 집어넣어 2~3회 펌프질을 하여 물이 올라가는 것을 확인하고 항문에 주입한다. 입을 '아~' 하고 길게 벌리면 항문이 조금 열려서 관장기끝을 삽입하기가 용이하다.
  ④ 관장기의 펌프를 움직여 관장액을 주입한다. 처음에는 약간 찜찜한 기분이 들지만 변을 보지 못해 고통스러운 것보다는 몸속의 노폐물을 청소한다는 밝은 마음으로 임한다.
  ⑤ 관장을 끝내고 가능한 붕어운동을 하면서 20분 동안 참는다. 배가 아프거나 변의가 느껴지면 이때 괄약근을 꽉

조우며 참았다가 배설하는 게 효과적이다.

※ 유아는 30~40cc, 초등생은 100cc 미만이 적당하고, 어른은 300~500cc의 관장액이 알맞다.

【참고】

마그밀 : 마그밀은 약국에서 판매하고 있는 수산화마그네슘 정제 또는 액이다.

그러나 서구에서는 건강식품으로 분류되어 있어 약이라기보다는 식품에 가깝다.

관장액으로 마그밀 액과 생수와 죽염을 섞어 사용하는데 부작용이 전혀 없어 장기 (臟器)에 손상을 주지 않는다. 이러한 마그밀은 자연식이요법에서 사용하는 유일한 약제로서 그 사용범위가 매우 다양하다.

단식 중에 관장을 하는 대신 아침저녁으로 마그밀 정을 4알씩 복용하는 것으로도관장의 효과와 마찬가지로 배변을 윤활하게 한다.

평소에는 마그밀을 복용을 하여도 별스런 효과가 없던 이들도 단식(斷食)중에는 대단히 높은 변통의 효과가 있다. 마그밀은 약이 아니므로 임신 중에 사용해도 무방 하나 관장을 하는 편이 유리하다.

단식 체험기

부산시 영도구 강대규(29세)

저는 본회 사범으로서 단식수행의 기록을 남기고자 합니다.

단식 1일째

2001. 8.4 날씨는 맑음.

단식을 통하여 수련을 거듭나고자 세사람의 사범이 모였다. 본인은 아즈나챠크라의 법문을 공부하는 상태이고, 김사범과 정사범은 얼마전에 백회를 열어서 대주천수련의 초입이다.

아침부터 생수로 버티고 있지만 어제 저녁에 밥을 먹어서 그런지 모두다 아직은 생생하다. 단지 김사범이 학교 연구실에서 2시간밖에 잠을 자지 못한지라, 약간 정신이 몽롱한 상태다. 단식원이 있는 경남 고성으로 출발이다.

자동차로 가는 도중에 인당(천목)혈이 욱신거렸다. 다른 사범들은 대주천수련의 초기라 아직 인당혈이 열릴때가 되지 않았는데도 불구하고, 이렇게 차를 타고 가면서 열림의 조짐이 있으니 이번 단식수련의 결과는 희망적인가 보다.

가만히 인당(천목)혈을 관(觀)한다. 무엇인가 막혀있는 듯 하지만 그 주위로 기운이 원을 그리며 자극하면서 마치 드릴로 구멍을 뚫듯 들쑤시고 있는 느낌이다.

수행자와 함께 동승하거나 혹은 단체수련을 하면 기운(氣運)의 감응도는 항상 하수(下手)에게 맞추어져서 느낌이 온다.

고성단식원에 도착할 때까지 인당혈이 욱신거리면서 백회가 활짝 열려 몸에 있는 탁기들이 빠져나가고 있었다.

오전 11시 단식원에 도착하여 짐을 풀고 먼저 풍욕을 하다. 단식수행이란 음식을 그냥 굶기만 하면 되는 것이 아니고 요법이 같이 병행되어야 만이 그 효과를 최대로 낼 수 있다.

풍욕은 몸의 탁기를 배출하는 요법이다. 나신(裸身)으로 바람이 잘 통하는 곳에 앉아 담요로 몸을 감쌓다가 다시 벗었다가 하는 단순한 방식이다. 그러나 풍욕을 하는 동안 백회가 가동되면서 몸속에 있는 탁기가 쉴새없이 빠져나갔다.

풍욕은 피부호흡을 왕성하게 하고 몸의 탁기를 배출한다. 선도(仙道)수행자 입장에서 보면 카르마의 근본인 빙의령의 천도가 급격하게 일어나는 요법임을 실제 체험할 수 있었다.

그 다음 차례는 된장 찜질요법이다. 단식수행의 가장 핵심요법으로 된장의 기운이 장(腸)속으로 스며들게 하여 숙변을 제거하는데 탁월한 효능이 있다.

4시간동안 진행되는 된장찜질요법 중 편안하게 잠이 들었다. 옆에서 선사님께서는 좌선에 몰입하고 계셨다. 잠을 깨어 몸을 관한다.백회로 탁기가 쉴사이 없이 빠져나가고 있는 것이 느껴졌다. 그러나 관음(觀音)은 들리지 않았다.

된장찜질하는 동안 편안히 쉴 수가 있어 몸이 가벼워졌다. 뒷산으로 가벼운 산행을 했다. 김사범은 의외로 힘들어한다. 백킬로가 넘는 거구라 두끼의 금식에 기진맥진이다.

산행 중에 선사(仙師)님과 그 일행이 만들었던 토굴을 구경하였다. 토굴이라 명하여 어디 땅굴 속을 판 동굴인 줄 알았다. 가서 보니, 나무와 흙으로 지은 오두막이다. 방의 크기는 2평정도로 생활하기 적당한 듯 하다. 그러나 지금은 습기가 많은 여름인지라 잘 사용하지 않는다고 한다.

토굴에 도착하기 전 몸에 일어나는 느낌을 물어시기에 약간 뒷목이 뻣뻣해지는 같다고 하였다. '토굴에 도우(道友)가 계시는 듯 하니 소개시켜주지' 라고 하시면서 발길을 재촉했다.

토굴에 도착하니 선사님의 고향 선배되는 분이 오수(午睡)를 즐기고 계셨다. 이미 상단전 수련이 되신 분이라 백회가 가동되면서 뒷목이 금방 풀린다. 만나자 마자 공명현상이 일어남을 느낄 수 있다. 높은 경지에 있는 수련자들이 만나면 말이 필요없이 법희선열을 즐기는 것이 바로 이런 현상 때문이다.

얼마간 도담(道談)을 나누다가 단식원으로 돌아오다. 다시 풍욕을 하고 각탕을 하다.

각탕은 섭씨 40도 물에 20분간 발을 담그는 것으로 발에 있는 경락들을 자극하여 몸의 기능을 회복하는 요법이다. 특히 발목 위에 있는 삼음교의 혈을 뜨거운 물에 담그는 것이 그 핵심이다. 그러나 각탕요법은 특별한 감응은 없다.

각탕은 피로회복이나 평소 감기에 잘 걸리는 체질의 예방요법으로 용도가 다양하다. 또 단식중에 쓰러지거나 의식을 잃는 급박한 경우가 발생했을 때 탁월한 효과를 발휘한다. 환자들에게나 일반인들에게 유용한 요법인 것 같다.

모든 요법을 끝내니까 밤 열시다. TV뉴-스를 시청하다가 잠을 청하다. 몸이 갑자기 더워져 갑갑증에 견디기 힘들어서 일어나 보니 새벽 3시다. 선사님은 벌써 일어나 수련에 정진하고 계신다.

본인도 다른 방으로 건너가 명상을 하였다. 모두 잠들어 있는 고요속이라 관음(觀音)이 정말 잘된다. 40분후 다시 잠이 들다.

※ 매일 해야 하는 일

오전6시 기상. 풍욕. 소금 양치질. 생수2L 마시기. 감잎차마시기. 죽염(볶은소금)10g 섭취. 마그밀4알이상 복용. 관장. 된장찜질. 각탕. 냉온욕(치약과 비누사용금지)

단식 2일째
날씨는 맑다고 나중에 비

아침 6시에 일어나 앉아서 명상을 하다. 집중이 모든 상념을 물리치고 깊은 몰아(沒我)를 가져와 관음(觀音)이 잘 되고 백회가 계속 가동된다.

※ 단식원의 하루 일과(매일 해야 하는 일)
1. **풍욕을 한다.** 풍욕은 피부호흡을 유도하는 요법으로 체내에 쌓인 배설물과 일산화탄소를 밖으로 배출하는 효과가 있다. 풍욕을 끝내고 아침시간에는 생수에다 마그밀 4알을 먹는다. 따뜻한 감잎차를 나누어 마신다.
2. **죽염먹기.** 하루에 10g(약2티스푼)정도 복용을 원칙으로 하며 다섯 번으로 나누어 먹는다. 죽염을 먹기 전 30분 전후에는 물을 마시면 안된다.
3. **관장과 된장찜질은 매일 해 준다.** 된장찜질을 하기 전에 관

장을 하고 된장찜질을 하고 난 후에도 또다시 관장을 한다. 그리고 붕어운동을 하면서 20분 정도 참았다가 배설을 한다.

4. 오후에는 냉온욕을 실시. 냉온욕은 아침운동 이후나 혹은 배설한 후가 좋고 풍욕은 보통 아침저녁으로 한 번씩 하지만 무료해질 때마다 많이 할수록 효과적이다.

5. 각탕(잠들기 전)

6. 단식요법의 모든 것을 단식후 보식중에도 실시.

7시에 풍욕을 하고 산행을 하다. 어제 갔던 산능선의 정자(亭子)까지 1시간 걸려 다시 돌아왔는데 조금 힘들다. 이제 그로기 상태로 접어들려나 보다. 걸으면서 발바닥의 관(觀)을 놓치지 않았다.

일반적으로 단식중 몸이 가장 처지는 날짜는 3일째 되는 날로 이때가 가장 힘든다고 한다. 대주천 수련자의 경우는 하루정도 빠르게 단식 이틀날 고비가 오는 것 같다. 오늘만 지나면 괜찮을까? 그래도 정사범은 아직은 생생한 것 같다.

음식을 통하여 섭취하던 수분을 30분마다 생수와 그 중간에 감잎차를 마시는 것으로 보충한다.

된장 찜질요법중 잠깐 잠이 들었다. 2시간정도 자다. 무겁던 몸이 이상하게 개운해졌다. 된장 찜질을 할 때마다 몸에서 힘이 솟는 것을 느낄 수 있다. 단전호흡 수행자는 복부의 찜질 맛사지가 운기를 촉진시켜 신체의 모든 경혈을 개혈하는 효과가 있는 듯 하다. 몸 속에 남아있던 탁기와 병소가 대부분 소멸되었는지 백회혈로 엄청난 기운이 들어온다.

방금 김사범과 정사범이 상단전(上丹田)수련에 안착했음을 알려주신다. 선사님의 축하메시지와 박수가 기쁨을 전한다. 앞이마의 인당혈과 뒷머리의 옥침관이 개혈된 것이다.

눈을 감고 관(觀)을 해본다. 두 사범의 아즈나챠크라의 터널이 뚫린 것 같다. 수행의 속도가 무척이나 빠르다. 본회 입문한지 6개월만에 상단전(上丹田)의 경혈이 열린 것이다.

히말라야에서 온 스승으로 추앙되고있는 청해무상사의 법문집에 자기 스승의 언급이 있다. 깨달음을 얻기까지는 스승과의 해후는 불과 6개월의 시간뿐이었다고 술회한다. 물론 준비된 상근기 그릇이었겠지만 훌륭한 스승을 만날 수 있다면 시간은 문제가 되지 않는 것 같다.

평생을 수행해도 도달하지 못하는 상단전의 수행을 백지상태의 두사범은 훌륭히 이룬 것이다. 정말 경사스러운 일이다. 그러나 이 과위의 계제는 스승의 기운으로 구경하는 경지일 따름이다. 물론 단식의 맑음이 한몫 했음도 사실이다. 아즈나 챠크라의 청착은 심신의 청정을 유지해야 만이 지속될 수 있다. 관음(觀音)도 미미하지만 아주 작은 소리로 들린다.

계속된 4시간의 된장찜질을 마치고 각탕요법 이후 풍욕을 하다. 냉온욕은 근처의 모든 목욕탕이 문을 닫은 관계로 세면장에서 실행하다. 탕에 뜨거운 물을 받아놓고 1분마다 번갈아 냉수를 샤워하는 것으로 대신하다. 다시 풍욕을 하고 잠자리에 들었다.

먼저 잠자리에든 정사범이 몸이 많이 처진 것 같다. 아침까지 멀쩡하든 사람이 조금은 힘들어하는 모습이다. 허나 나는 이제는 힘든 고비를 넘긴 듯 하다. 특별히 힘들지 않으니 단식을 하는 것 같지 않고 평상심이다.

4개월 전, 혼자서 단식을 하다 이틀만에 포기했다. 단식 이틀째 기운이 탈진하여 무엇을 생각하는 것조차 싫어지면서 마치 숨쉬는 시체처럼 되었다. 그러나 이번에는 힘이 조금 없을 뿐 몸이 가벼워 달리기도 하겠다.

단식과 단식요법과의 차이인가? 아니면 선사님의 법력덕분인가? 아무튼 편안하다.

단식하는 이들을 영안으로 보면 빙의된 영들이 무수히 빠져나가는 것을 볼 수 있다고 말하신다. 단식 3일째 날이 가장 절정에 달해서 3일이 지나면 거의 대부분 천도가 되는 것을 목격할 수 있다고 덧붙이신다. 아마 이들과 몸의 그로기 상태와 관계가 있는 듯 하다.

단식을 하면 몸에 있는 숙변과 탁기의 에너지조차도 칼로리로 분해되어 연소된다. 혼자 앉아서 명상을 1시간 정도 하다고 잠이 들다.

※ 매일 해야 하는 일은 당연히 필수이다.

단식 3일째
맑음

※ 매일 해야 하는 일 ; 풍욕, 소금으로 양치질, 생수2L마시기, 감잎차 마시기, 죽염10g섭취. 마그밀4알 복용, 관장, 된장찜질, 각탕, 냉온탕,

오늘은 날씨가 선선하다. 어제 내린 비 덕분에 시원한 바람이 분다.

아침 6시 일어나 명상을 한시간 하다. 소금으로 양치질과 세면을 마쳤다.

오전 풍욕을 마친 후 산행(山行)을 하다. 가는 도중에 김사범이 정말 괴로워한다. 앞서가는 정사범은 이제 몸에 가뿐하지 빨리 걸어간다. 나도 어제와 동일하게 조금 힘들다. 10분정도 걸었을까 김사범은 주저앉는다. 완전히 그로기다. 그래서 정사범과 둘이서 능선의 정자(亭子)까지 걸어갔다. 김사범이 빠지니까 몸 상태가 갑자기 호전되기 시작하면서 달리듯 갔다왔다. 같은 배를 탄 수행자들이라 서로 기운이 연결되어 의지하다가 부상자가 빠지니 훨씬 가벼운 것 같다.

김사범이 "나는 쉴란다"라고 말한 순간에 중력에서 탈출하듯 몸이 호전되니 말이다.

단식원에 돌아와 된장 찜질요법을 실시하다. 된장찜질을 하고 나니 더욱 개운해지는 것이 이제 몸 상태가 거의 회복되었다.

"일반인이 단식을 하여 2-3일 지나면 지독한 악취로 접근하기가 힘들어 코를 막아도 소용이 없다. 그런데 백회가 열린 수행자는 냄새는커녕 숙변조차도 보이지 않는다. 이것은 단전호흡을 통하여 매일 피부호흡이 된 탓이다."라고 하시며 선사님께서 사범들의 몸을 관(觀)하신다.

"강사범은 뇌호에서 척추까지 경혈이 모두 열려 몸이 없어졌다"고 말씀하셨다. 본인도 그런 느낌을 가졌지만 착각이나 착시로 여겨 긴가민가 하였다. 몸이 없어졌다는 말은 입정에 들면 육신의 느낌이 없어진다는 표현으로 공(空)의 개념이다. 정말 기뻤다.

두 사범들은 아즈나차크라가 완전히 열리는 현상이 발생하였다. 인당혈과 옥침관이 하나로 연결된 것이다. 단식 3일만에 발생한 일이다. 정말 빠르다.

수행이란 선지식(善知識)이 있으면 쉽게 과위(果位)를 얻을 수 있다. 그러나 그것은 구경하는 수행의 길이지 본인의 계제는 결코 아니다.

수행의 정착은 그로부터 100일 정도의 용맹정진으로 이룰 수 있다. 어떤 효과가 나타나기까지 보통 백일 정도가 걸린다고 한다. 그러나 이것 역시 과위는 아니다. 과위(果位)의 완성은 다음

단계의 업장해소라니 알 것도 같고 모를 것도 같다.

일단 집중단식 3일을 끝으로 다시 짐을 챙겨서 부산으로 돌아왔다. 부산으로 돌아오는 길에도 여전히 백회가 가동되면서 관음과 함께 인당혈과 옥침관이 동시에 관(觀)이 된다.

백회혈은 완전히 그 기능이 바뀌어 이제는 빙의령이 나가는 경혈로 전환된 것 같다. 하늘의 기운은 앞이마 인당혈로 충만한다. 아직까지 빙의령의 출입을 잘 감지하지 못한다. 그런데 차를 타고가는 중간중간 신호등에 멈춰서 행인과 우연히 눈이 마주쳤을 때나 혹은 상대방의 차가 정차하여 운전자나 동승자와 눈길이 마주칠 때 백회로 스물스물 나가는 현상을 느낄 수 있다. 이것은 상대의 빙의령이 넘어와서 천도되는 것이라 말씀하셨다.

참, 옷깃만 스쳐도 인연이라는 옛말이 무색할 지경이다. 짐을 챙겨서 숙소로 돌아왔다.

나는 아직 4일정도 단식을 계속하여 7일 단식을 할 예정이다. 김사범은 개인 사정상 여기에서 접는다고 한다. 정사범도 계속할 생각인가보다. 집에 와서 풍욕을 하고 명상을 하다가 12시에 잠들다.

단식4일째

날씨는 맑음. 밤에 비

아침에 일어나니 몸이 조금 찌뿌둥하다. 풍욕을 하고 근처 목욕탕으로 냉온욕을 하러 갔다. 냉온욕은 찬물과 더운물을 번갈아 가며 들어가는 방법이다. 별것 아닌 것 같지만 피부건강을 유지하고 몸의 상태를 좋게 하는데 효과가 있다고 전한다.

실제로 냉온욕을 하고 난 이후 피부가 탱탱하게 변하는 것을 직접 확인할 수 있다. 단식기간 중 냉온욕은 확실히 몸이 가볍게 하는 것 같다.

냉온욕 후 학교에 오다. 연구실(석사2년차 임)에 있는데 몸이 점점 피곤해졌다. 얼마간 만나지 못하던 사람들을 다시 만나니 상대의 탁기(濁氣)가 넘어와 피곤하다. 탁기(濁氣)포대기로 나를 집중적으로 덮어씌우는 듯하다. 오후에 2시간정도 졸았다. 그래도 아직 탁기가 남아있는 듯하다. 저녁 식사때가 되어서야 비로소 몸이 가뿐해졌다.

정사범이 매실원액을 한 병 가져왔다. 매실 원액을 마시고 나니 몸이 정상으로 온 듯하다.

백회와 인당혈 그리고 옥침관의 활동이 왕성하다.

밤 11시 정도에 마그밀을 먹고 된장찜질을 하며 잠을 자다.

대변은 매일 변의가 있거나 마나 습관적으로 화장실에 간다.

하루 걸러서 배변을 본다.

몸이 점점 가벼워지는 느낌이다.

※ 매일 해야 하는 일은 필수이다.

단식 5일째
날씨는 맑음

아침에 일어나 풍욕을 하다. 전과 달리 풍욕을 하여도 탁기의 배출은 얼마 없다. 백회는 풍욕을 하는 동안은 열심히 가동된다.

어제 된장 찜질한 복부(腹部)를 보니까 종기가 2개 생겼다. 위치는 배꼽 밑의 석문혈에서 2치옆으로 있는 대거혈이다. 처음에는 왼쪽에 생겨 대수롭지 않게 여겼는데 오늘 다시 반대쪽에도 똑같은 위치에 생기는 것이 정말 신기하다. 학교에 도착하여 경혈도를 찾아보니 위경에 속하는 곳이다. 평소 과식으로 위장이 따끔거릴 때가 있는데 이것이 나으려나보다.

일상생활을 계속하다. 본인의 일상생활이라는 것이 대학원생이라 신경쓰는 일이 많다. 그런데 머리가 맑아 무리없이 잘 진행된다. 행동도 평소와 거의 다름이 없다. 다른 점이 하나 있다면 주위에 있는 이들로부터 탁기가 많이 넘어오는 부작용이 있다.

몸 상태가 가볍고 정상이다가 여러분들과 이야기하고 움직이다보면 그냥 힘이 쭉 빠진다. 잠깐의 명상으로도 몸상태를 호전시킬 수 있다. 그러고나면 타 연구실의 사람들이 몰려와서 북적거리고 얘기를 나누면 또 힘이 빠지는 현상이 반복된다.

단식중의 수행자는 아무래도 따로 격리되어 생활해야 만이 수행이 상승곡선을 탈것 같다.

정사범과 함께 선사님댁에 갔다. 향하는 도중에 운기(運氣)가 많이 된다.

"선사님이 괴로우시겠군"(수행이 높아지면 상대가 도착하기 전에 벌써 탁기의 출현을 알 수 있다)하며 정사범과 계면쩍은 미소를 나눴다. 댁 가까이 올수록 맑은 기운이 창궐하여 머리 전체가 없어지는 느낌이다.

도착하니 역시나 선사님께서도 한시간 전부터 백회혈이 활발히 가동하여 탁기를 정화시키고 있었다. 우리가 학교를 출발한 것이 1시간전이니 신기할 따름이다. 본인이 겪어 보지 않으면 믿기 힘들지만 본회 고급 수행자들의 공통적인 경험이다.

담소후 1시간 넘게 선사님과 좌공수련을 하다. 수련중에 머리 뒤의 뇌호혈부근에서 인당혈쪽으로 강한 압박감이 왔다. 마치 무슨 작업기계로 터널을 파는 듯 하다.

불전(佛典)에 이르기를 '이근원통'은 만물의 원리를 꿰뚫어보는 통찰력의 의미이다. 하지만 선도수련에서 일어나는 느낌의 상단전의 앞뒤 터널과 상하의 터널을 원통으로 설명하고 있는 것이 아닌가싶다.

"이것이 열리면 수련의 마지막 끝자락에 도달했다고 해도 무
방하다"라 말씀하신다.

열리는 것이 처음에는 인당혈에서 뒤의 뇌호혈을 중심으로 한
옥침관으로 연결되지만 그 다음은 옥침관에서 차차 넓어져 인당
혈쪽으로 다시 개혈된다.

선사님 댁을 나와서 학교로 돌아왔다. 몸이 매우 가볍다. 스승
은 아무나하는 것이 아닌가보다. 정말 선사님의 법력은 대단하
시다.

학교에서 짐을 챙겨 다시 숙소로 향하다. 어제 학교에서 단식
요법을 마치고 잠을 자니 불편한 점이 있어 숙소인 아파트로 돌
아왔다. 도착해서 풍욕을 한후 된장찜질을 마치고 잤다. 내일은
단식전의 일상과 같이 조깅을 해볼까 생각한다.

* 매일 해야 하는 일은 필수이다.

단식 6일째
날씨는 아침에는 비 온 뒤 맑음

아침 조깅을 하기 위해 일찍 일어나니 비가 엄청나게 오고있다.
힘도 없어 서있기도 귀찮는데 하늘이 돕는가(?)싶어 다행이다.

풍욕을 하고 좌공을 1시간 정도 실행하고 학교로 향하였다. 연구실에 있으니 아침 10시쯤 이틀전 단식을 풀은 김사범이 찾아왔다. 건강한 모습이나 벌써 탁기에 찌들린 것 같아 대면하는 순간 머리가 띵하다. 단식중 밀렸던 업무 때문에 여러분을 만나고 다녔단다.

김사범이 돌아간 이후 2시간동안이나 정신을 차릴 수 없다. 한참 힘들어하고 있는데 알고 계시듯 선사님의 전화가 왔다. 전화를 받자마자 맑고 강렬한 기운의 파도가 폭풍처럼 밀어닥쳐 몸이 가뿐해졌다. 단식수행을 계속하는지 안부 전화였지만 백만대군의 지원을 얻은 것 같아 용기백배다.

화장실에서 소변을 보니 소변의 색깔이 이제는 맑다. 몸의 청소가 거의 끝난 것일까? 단식은 1년에 한번쯤은 해볼 가치가 있는 것 같다. 몸을 맑게 하는데는 정말 탁월한 효과가 있다.

저녁에는 연구실 가족들과의 족구를 하다. 역시 운동을 하니 몸의 운기가 활발해진다. 족구를 해보니 몸의 움직임이 조금은 느리게 움직였다. 2세트를 마치고 빠져나오다.

몸에 힘이 빠져 헐렁해진 것 같아 각탕을 했다. 역시 각탕은 몸의 기력을 올려주는 효능이 있다. 몸에 땀이 나면서 찌프렸던 근육이 언제 그랬냐 듯이 풀리니 말이다. 관음(觀音)도 잘 되는 듯 하다.

8시쯤에 모회사에 있는 직원 2분이 연구실을 찾아왔다. 외인

(外人)이라 그런지 다시 멍멍해지며 몸에 힘이 빠지다. 오늘은 일찍 들어가야겠다. 9시쯤에 숙소로 들어가 된장찜질을 하면서 잠을 잤다. 4시간의 긴 여정인 찜질을 마치고 마지막 풍욕을 했다.

※ 매일 해야 하는 일은 필수이다.

단식 7일째
날씨는 맑음

아침 풍욕을 마치고 학교를 갔다. 오늘 하루도 몹시 피곤하게 보냈다. 정말 힘들다. 사람을 만나지 않을 때에는 아무런 문제가 없다가 사람만 만나면 정신을 못 차리겠다. 비몽사몽간에 오후5시를 맞이했다.

정사범이 선사님댁에 가자고 연구실을 방문하였다. 선사님댁 공터에서 태극권24식을 하고 집을 방문하였다. 오늘은 조선님(仙任은 본회수행자의 호칭임)과의 동행으로 답답하다. 선사님과 1시간여의 독대명상으로 몸에 꽉 긴 옷을 입은 듯 불편한 것들이 이제야 모두 정화된 것 같다. 빙의(憑依)에 시달리는 것은 정말 힘든 일이다. 어떻게 선사님은 혼자서 이 길을 헤쳐 나오셨을까? 정말 존경스럽다.

오늘 저녁부터 보식(補食)에 들어가기로 했다. 빙의에 시달리니 빨리 단식을 풀어버리는 것이 좋겠다는 말씀이다. 사모님이 오곡죽을 준비하셨다. 반(半)공기 정도를 먹었더니 배가 든든하다. 옆에서 수재비를 맛있게 먹는 조선님이 괜히 부럽게 보인다. 먹는 것이 아름답기까지 하니 말이다.

가뿐한 몸으로 학교로 돌아왔다. 학교에서 만나는 사람들로부터 탁기가 넘어온다. 또 얼마간의 데미지가 몸에 왔지만 방어능력이 향상이 되었는지 참을 만 하다. 밤에는 정사범과 함께 잠을 자다. 관음(觀音)은 잘된다.

관음의 소리가 한옥타브 올라가는 경우가 생기다.

※ 매일 하는 일은 보식 중에도 계속 필수이다

보식 1일째

날씨는 맑음

※ 보식(補食)중에도 매일 해야 하는 일; 조식을 폐지한다. 단식중과 마찬가지로 매일 해야 하는 일은 계속하는 것이 원칙이다. 보식(補食)중에 오히려 살이 더 빠져나가고 특히 된장찜질을 해주면 배설의 효과가 대단하다.

아침에 일어나 태종대를 향하여 정사범과 5km정도를 걷고 뛰면서 움직였다. 태극권을 기세 좋게 시연하고 목욕탕으로 향했다. 들어가서는 냉온욕을 했는데 이제는 완전히 기력을 되찾은 것 같다.

학교에 도착하여 아침은 건너뛰고 점심으로 밥을 삶아서 먹었다. 정말 꿀맛이다. 단식의 성패는 보식(補食)에 있을 정도로 강조하고 있으나 아직 큰 유혹은 없다.

오후에는 공부가 손에 잡히지 않아서 명상을 하며 시간을 보냈다. 지금은 석사2년차라 그런지 짜증이 날 때가 많다. 졸업논문은 잘 쓰여지지 않고 주위에서는 자꾸 무슨 일이 터진다. 게다가 사람들을 만나면 계속 피곤이 엄습한다. 교수님이 전화를 하셨는데 괜히 짜증이 일어났다. 별것도 아닌 일에 짜증을 내면서 도인(道人)이라고 거들먹거리다니 부끄럽다. 마음속 깊이 성찰

하며 다짐한다. 나는 도인이다 하고!

보식 2일째

일요일이다. 학교에서 시간을 보내다. 오후 명상중 백회로 거품이 터지는 소리를 경험했다. 탁기가 나가는 현상중의 하나인가 본다.

아침은 굶고, 점심은 생식과 비스켓, 저녁도 생식과 사과를 먹었다. 아무 이상은 없다. 밥을 먹어도 될 것 같다. 물론 오래 꼭꼭 씹어야 하겠지만....

보식 3일째

이제 10일코스의 단식을 끝냈다. 짧다면 짧고 길다면 긴 시간이었지만 단식 과정을 겪으면서 단식에 대한 나의 생각들을 정리해 보면 다음과 같다.

- 단식은 몸을 맑게 한다. 단순히 굶는 것만으로도 어느 정도의 효과는 있겠지만 된장 찜질, 풍욕, 냉온욕, 각탕등과 같은 요법이 병행되면 몸은 매시간마다 맑아지는 현상이 벌어지는 것을 느낄 수 있었다.

영적(靈的)으로는 몸에 존재하는 빙의(憑依)의 대부분이 나
가게 되는 현상이 생긴다. 왜 빙의가 천도(薦度)되는지는 아
직 밝혀지지는 않았지만 단식은 빙의에 대해 확실히 효과가
있었다. 병이 완쾌되는 원리도 여기에 있다. 몸이 깨끗해짐
으로 해서 질병도 하나의 탁기로 존재하는바 치료되는 게
당연한 결말이다.

- 기아(飢餓)에 대한 공포가 가신다. 우리가 느끼는 삶에 대한
두려움 중에 굶주림에 대한 공포가 언제나 잔존해 있다. 이
번 단식을 통해서 나는 이제는 얼마간은 굶어도 살아가는데
는 별다른 문제가 생기지 않는다는 생각이 자리를 잡았다.

- 수련하는 사람들에게는 필수적으로 거쳐야하는 관문이다.
수련하는 사람들에게 단식은 일반인과 다른 특별한 의미가
있다. 깨달음이란 우리 몸에 있는 에고와 업장을 얼마나 해
소시키느냐에 따라 결정되는 것이다.
그래서 에고나 업장의 장애로 기운을 느끼지 못하고 수련의
진척이 더디는 현상이 벌어진다. 단식은 이 업장을 집중적
으로 해소하여 주는 작용을 가진다. 만약 단식시에 자신보
다 상위의 수련자(법력의 스승이 있다면 금상첨화이겠지만)
가 있다면 수련의 진척은 상상을 불허한다. 이번 단식수련

에 겨우 백회가 열린 이들이 사흘만에 아즈나챠크라가 열리는 것을 미루어 볼 때 수련을 수직상선으로 올리는 지름길이 단식이라고 확신한다.

- 수련하는 이는 단식중에는 가급적이면 세상과 격리되어 있는 것이 좋다. 그렇지 않으면 깨끗한 물에 물감이 더 빨리 번지듯 계속 빙의령에 시달리게 된다. 실제로 본인의 경우 단식 초기(初期)에 일어나는 일반적인 무력감은 거의 없이 지나갔다. 그러나 귀가(歸家)이후에 일상생활 속에서의 단식은 몸을 파김치로 몰아갔다. 가급적이면 격리되어 단식하는 것이 좋다는 결론에 도달했다. 단, 일반인들은 빙의령의 출현을 감지할 수 없으니 별 문제는 없는 것 같다.

- 먹는 것에 대한 생각이 바뀐다. 굶어보면 알겠지만 모든 음식이 맛이 있다. 특히 생식은 야채의 싱그러움과 함께 맛이 좋다는 양념의 맛과 맛이 있다는 자연의 맛이 구분된다.
  그리고 '시장이 반찬'이라는 금언처럼 음식의 맛을 음미하게 된다. 그렇다고 많이 먹는 것은 아니다. 조금만 먹어도 맛이 있고 배가 부르다. 밥을 먹어도 소식(小食)이 되며 오랫동안 씹게된다. 전에는 몰랐던 색다른 맛을 느낄 수 있다.

- 냄새에 민감해진다. 이것은 그냥 자연적인 현상인 것 같다. 사람마다의 독특한 체취가 있는데 이것이 모두 느껴진다. 아무리 좋은 화장품이라도 자연의 향기와는 다르게 싫은 냄

새가 난다. 대중교통을 이용하기가 싫어지며 사람들과 이야
기하는 것이 정말 곤욕이었다. 단식이후 보식(補食)기간 중
에 후각이 집중적으로 발달되는 것 같다. 맑음이란 좋은 것
이지만 어떤 때는 불편하기도 한다. 단식을 끝내고 일상으
로 돌아온 후에는 다시 후각이 무디어지는 것 같다.

- 살이 빠진다. 굶으면 당연한 현상이지만 본인의 경우 10일
동안 대략 5kg정도 빠졌다. 보통은 단식이 끝나고 요요현
상을 걱정해야하지만 인체에 있는 경혈의 개혈이 본회 단식
원의 특징이니까 문제될 것은 없다.
몸에 있는 경락 회로가 열리지 않으면 몸의 호전상태는 일
회성에 거칠 가능성이 매우 높다. 몸에 일어나는 요요현상
도 구구절절한 대처방법이 많으나 대부분 임시방편적이다.
그 이유는 단식을 하여 몸이 맑아진다고 해서 인체의 회로
인 경혈이 열리는 것은 결코 아니기 때문이다. 반드시 수행
을 통한 명상만이 청정을 가져와 경혈을 개혈한다.단식후
병이 다시 재발하는 것은 인체의 회로가 열리지 않았기 때
문이다. 본회는 인체 경혈의 개혈(開穴)이 핵심이므로 효과
의 지속성과 함께 요요현상 또한 현저히 줄어든다.

하늘의 소리 소리 II

왜 청와대 이어야 하는가?

초판인쇄 2007년   7월 20일
초판발행 2007년   7월 30일

지은이 김성갑
펴낸이 소광호
펴낸곳 관음출판사

주 소 130-070 서울시 동대문구 용두동 751-14 광성빌딩 3층
전 화 02) 921-8434, 929-3470
팩 스 02) 929-3470

등 록 1993. 4.8 제1-1504호
ⓒ 관음출판사 1993

정가 10,000원